文と時間

日本語の
テンポラリティーと
タクシス

The Syntax of
Time Expressions

*Temporality and Taxis
in Japanese*

工藤真由美 著

ひつじ書房

まえがき

　我々の言語活動(コミュニケーション活動)において、時間表現は不可欠である。

　『アスペクト・テンス体系とテクスト―現代日本語の時間の表現―』(1995年、ひつじ書房)、『現代日本語ムード・テンス・アスペクト論』(2014年、ひつじ書房)では、形態論的なアスペクト・テンス体系に焦点をあてて考察した。本書では、言語活動の基本的単位として、場面・文脈というコンテクストのなかで機能する文が、どのように時間を表現するのかについて、総合的に明らかにしていくことを目指している。

　本書は、第Ⅰ部(第1章〜第3章)と第Ⅱ部(第4章〜第6章)からなる。

　既に公刊したものや研究会、講演会等での発表原稿がもとになっているが、全章にわたって、現時点での修正・補充、全体的整備を行った。次の公刊された論文と発表資料が、部分的に本書に取り入れられている。

　　第1章：工藤真由美 2023「発話としての文のテンポラリティー」琉球大学人文社会学部琉球アジア文化学科学術講演会(オンライン開催)

　　第2章：工藤真由美 2013「モーダルな意味とテンポラルな意味」『日語学習与研究』北京報刊発行局

　　第3章：工藤真由美 2023「テクストにおける時間の構造と説明の構造」Heidi Buck-Albulet, Michaela Oberwinkler und Wolfram Schaffar (Hg.) *Über Grenzen hinweg – Zeichen, Sprache und Kultur in Japan.* Iudicium Verlag

第 4 章：工藤真由美 2022「時間表現とアスペクトの機能―複文における時間関係をめぐって―」『日中対照言語学会第 46 回大会及び日中対照言語研究シンポジウム』基調講演（オンライン開催）

　補部の 2 つの章は、第Ⅰ部、第Ⅱ部の論考において根底的な影響を受けている奥田靖雄先生の言語学に関する講演資料を修正・補充したものである。琉球大学での講演に関しては八亀裕美氏に、岡山大学の講演については宮崎和人氏に、奥田靖雄の未公刊資料等については佐藤里美氏にお世話になった。

第 1 章：工藤真由美 2022「「動詞―その一般的な特徴づけ―」（奥田靖雄 1996 ～ 1997 年）の展望」琉球大学人文社会学部琉球アジア文化学科学術講演会「後期奥田論文は我々に何を伝えようとしているのか」（オンライン開催）

第 2 章：工藤真由美 2023「奥田靖雄の文論研究の軌跡―発話論・プラグマティクスに向けて―」岡山大学文学部現代日本語学領域学術講演会「後期奥田言語学の構想―未公刊資料から見えてくるその全貌―」（オンライン開催）

　補部については、第Ⅰ部、第Ⅱ部とは別にまとめる方がよかったのかもしれないが、2009 年にむぎ書房より公刊された『ことばの科学 12』に、「奥田靖雄先生 80 歳の誕生日を祝う会」（1999 年）での拙いスピーチ原稿「奥田靖雄先生の言語学―80 歳の誕生日によせて―」が掲載されており、それを補足する目的もあって本書に入れるかたちとした。ただし、述べ切れていない重要な課題が残っているため、今後も努力していきたいと思っている。

　あわせて、この場を借りて、大学院時代以来、深い学恩を賜った鈴木重幸先生と宮島達夫先生への感謝の気持ちを述べたいと思う。奥田先生、鈴木先生、宮島先生は、言語学研究会の創設メンバーであった。鈴木先生については、横浜国立大学の教え子である石井誠氏をはじめとする方々によって HP が立ち上げられている。

https://suzukishigeyuki.notion.site/fc58b24816bc4d4c8aa9ea687607ffba

本書全体については、2〜3か月に1回程度で開催された文法研究サークルでの議論に負うところが大である。小林英樹、佐藤里美、山東功、鄭相哲、宮崎和人、八亀裕美の諸氏からは数々の有益な助言を得た。2016年くらいから6年間ほど研究時間がとれない時期があったが、拙いながらも「文と時間」に関する研究の第1歩としての本書をなんとかまとめることができたのは、上記の諸氏らとの研究サークルのおかげである。深く感謝したい。

　本書の校正等にあたっては、八亀裕美氏、石井誠氏の多大なる援助を得た。丁寧に読んでいただき、説明不足の点を補うことができたことに感謝したい。

　最後になったが、今回も、出版にあたってご尽力を得たひつじ書房の松本功社長と丹野あゆみ氏に感謝を申し上げる次第である。ありがとうございました。

2025年3月
工藤真由美

目　次

 まえがき　　　　　　　　　　　　　　　　　　　　　　　iii

序　章　　　　　　　　　　　　　　　　　　　　　　　　　　1
 1.　本書の目的　　　　　　　　　　　　　　　　　　　　　1
 2.　言語活動と文　　　　　　　　　　　　　　　　　　　　5
 3.　文と時間表現　　　　　　　　　　　　　　　　　　　　14
  3.1　時間表現の4つの側面　　　　　　　　　　　　　　14
  3.2　時間表現と他の要素の複合化　　　　　　　　　　　17
 4.　本書の構成　　　　　　　　　　　　　　　　　　　　　18
  4.1　第Ⅰ部と第Ⅱ部について　　　　　　　　　　　　　18
  4.2　補部について　　　　　　　　　　　　　　　　　　20

 第Ⅰ部　場面・文脈のなかの文と時間表現　　　　　　　　　23

第1章　発話としての文のテンポラリティー　　　　　　　　　25
　　　　―はなしあいの場合―
 1.　はじめに　　　　　　　　　　　　　　　　　　　　　　25
 2.　テンポラリティー・テンス・時間副詞　　　　　　　　　27
 3.　テンポラリティーを表現するテンスと時間副詞の機能分担　29
 4.　時間指示の特定化からみた時間副詞のタイプ　　　　　　37
 5.　ダイクティックな時間指示とその特定化　　　　　　　　43
 6.　ダイクティックな時間指示とアナフォリックな時間指示の　48
 　　複合化
 7.　おわりに　　　　　　　　　　　　　　　　　　　　　　52

第 2 章　ダイクティックな時間指示とモーダルな意味の複合性　55
　　　　　　複合性
　1.　はじめに　55
　2.　話し手の過去の体験への評価・感情と複合化された時間指示　56
　3.　話し手の推量、評価・感情と複合化された時間指示　62
　　　3.1　「今」を伴う文の時間指示　63
　　　3.2　「今ごろ」を伴う文の時間指示の複合性　64
　4.　おわりに　69

第 3 章　かたりのテクストにおける時間構造と説明の構造　71
　1.　はじめに　71
　2.　小説の地の文における時間構造　75
　3.　時間的限定性のある事象と説明の構造　78
　　　3.1　非同時的な時間関係の場合　78
　　　3.2　同時的な時間関係の場合　84
　4.　時間的限定性の無い事象と説明の構造　89
　5.　時間関係と強調の機能　93
　6.　おわりに　97

　　第 II 部　複文と時間表現　103

第 4 章　従属複文における相対的テンスとタクシス　105
　1.　はじめに　105
　2.　事象名詞節と相対的テンス　108
　　　2.1　事象名詞節の 3 つのタイプ　108
　　　2.2　スル形式とシタ形式が相対的テンス対立になる場合　109
　　　2.3　スル形式が以後を表す場合　111
　　　2.4　スル形式が同時を表す場合　112
　　　2.5　まとめ　115

	3.	アスペクトとタクシス	115
		3.1 主文の動詞述語が完成相の場合	116
		3.2 主文の動詞述語が継続相の場合	118
		3.3 アスペクトの機能とタクシス	121
	4.	相対的テンスとタクシスの共通点と相違点	124
	5.	タクシスの表現手段	126
	6.	おわりに	129

第5章 「なかどめ」の構文的機能とタクシス　　135

1. はじめに　　135
2. 話し言葉におけるシテ形式　　141
   2.1 シテ形式の用法　　141
   2.2 話し言葉におけるシ形式　　145
3. 書き言葉におけるシテ形式とシ形式の関係　　146
   3.1 2つの運動の統合化の場合　　146
   3.2 3つ以上の運動の統合化の場合　　151
4. シナガラ形式とシテカラ形式　　155
   4.1 シナガラ形式とシテ形式の関係　　156
   4.2 シテカラ形式とシテ形式の関係　　159
5. おわりに　　162

第6章 時間表現と主体・客体関係　　167
　　　　―事象名詞節と事象名詞句―

1. はじめに　　167
2. 事象名詞句と連体格　　171
3. 客体を表すノ格とヘノ格の関係　　174
4. 主体を表すノ格、カラノ格、「～ニヨル」形式の関係　　178
5. おわりに　　180

| 終　章 | 183 |

| 補　部 | 187 |

第1章　奥田靖雄の動詞論
　　　　―構文論と形態論の関係―　189

1. はじめに　189
   1.1　本論文が提起するもの　189
   1.2　構文論と形態論の相互作用　190
2. 構文論の枠組み―本論文の前提として―　193
   2.1　言語活動の単位としての文　193
   2.2　文の基本的な特徴　195
3. 本論文の見取り図と補足　198
   3.1　本論文の見取り図　198
   3.2　補足：アスペクトの意味と機能の統一性　201
4. 本論文の内容について　202
   4.1　本論文の骨組み　202
   4.2　動詞の構文論的な機能に応じた形態論的なかたちの体系　203
   4.3　文の陳述性と終止形のムード・テンス・アスペクト体系　205
5. おわりに　207

第2章　奥田靖雄の文論研究の軌跡
　　　　―発話論・プラグマティクスに向けて―　211

1. はじめに　211
   1.1　奥田靖雄の半世紀にわたる研究史　211
   1.2　第4期と第5期を貫くもの　214
2. 第4期における文論研究の展開　215
   2.1　出発点的論文としての「文のこと」　216
   2.2　文論の全体構想の展開　218

		2.3 各論の進展	221
3.	第5期における発話論、プラグマティクスへの深化		223
		3.1 文と発話との関係をめぐって	223
		3.2 各論の進展	226
4.	おわりに―奥田靖雄を読み継ぐために―		227

参考文献　　　　　　　　　　　　　　　　　　　　　233
出典一覧　　　　　　　　　　　　　　　　　　　　　241
索引　　　　　　　　　　　　　　　　　　　　　　　245

序　章

1.　本書の目的

　(1) 人間の認識的・社会的活動は時間無しには成り立たない。言語活動が人間活動の一環としてあるとすれば、言語活動において時間表現が不可欠になる。

　実際の言語活動は、〈場面・文脈〉というコンテクストのなかで行われる。本書の目的は、実際の言語活動において、コンテクストのなかで機能する発話としての文の時間表現の諸相を考察することである。

　各章は独立して読めるようになっているが、ここでは、本書全体の枠組みを述べておきたい。

　(2) これまでの時間表現の研究では、文の述語のテンスに焦点があたってきた。しかしながら、実際の言語活動においては、1つの個別的事象（出来事）が、「いつ」実現するかだけではなく、他の事象と「どのような時間関係」のなかで実現するのかを伝えなければならないことも多い。

　次の例は、2つの文（連文）から成り立っている言語活動（ディスコースあるいはテクスト）である。述語のテンス形式である「お支払いいたします」は、〈発話行為時以後＝未来〉というテンス的意味を表している。あわせて、前文が表す事象との時間関係のなかで「航空券購入後に代金の支払いがある」ことも重要な情報として伝えている。これを表現しているのは「後日」という時間副詞である。

- 航空券はご自身でご準備ください。<u>後日</u>、米ドルにて現金で<u>お支払いいたします</u>。
（楽園のカンヴァス）

　このことは、文の時間の表現手段には、テンス形式と時間副詞という2つのタイプがあり、テンス形式は発話行為時との時間関係、時間副詞は前文との時間関係というかたちで両者が協働することによって、時間表現の具体化が行われることを示す。
　したがって、文の〈テンポラリティー〉と、述語の〈テンス〉とは区別しておく必要がある。
　文のテンポラリティーの表現手段には、テンスと時間副詞という2つのタイプがある。世界の諸言語を見渡すと、テンスという文法的カテゴリーが無い言語が多々ある一方、時間副詞の無い言語は無いと指摘されている。テンスが無くても、文の時間表現はできる。テンスは、文のテンポラリティーの表現手段の1つである。

　(3) 文には、大きくは〈単文〉と〈複文〉がある。以上のような連文(ディスコース)だけではなく、1つの文に複数の事象を統合化する複文においても、複数の事象間の時間関係を表すことが不可欠になる。
　まず、次の例を見られたい。最初の文(単文)では、「来た」が〈発話行為時〉を基準点として〈発話行為時以前＝過去〉というテンス的意味を表している。一方、3番目の従属複文における「来る」は、主文の述語である「知っていた」を基準点として〈主文の事象時以後〉を表している。

- 「いつ、<u>来た</u>んだね」
「はあ、昨日、つきました」
「ああ、そうか。君が<u>来る</u>ことは、日本からの便りで<u>知っていた</u>が。そりゃあご苦労さまでした」
（留学）

　既に指摘されているように、〈従属複文〉の従属節では、「スル―シタ」のテンス対立が、〈発話行為時〉を基準点とする〈以後(未来)―以前(過去)〉

のダイクティックな時間指示（時間的位置づけ）ではなく、〈主文の事象時〉を基準点とする〈以後―以前〉という時間指示になる。〈従属化（subordination）〉あるいは〈非終止（non-finite）〉という〈構文的機能〉に相関して、発話行為時を基準点とする〈ダイクティックな（絶対的）テンス〉から〈相対的テンス〉へと変容するわけである。

　一方、次のような従属複文では、〈相対的テンス〉とは違ったかたちで、複数の事象間の時間関係が表されている。

- 「ハツ子さんが帰るとすぐ、あなたも家を出たのですね」菊池弁護士はたたみかけるように、きいた。　　　　　　　　　　（事件）

　従属節の事象である「帰ると」は、「出た」という主文の事象時を基準点として「以後」を表しているのではない。「（ハツ子さんが）帰ると」と「（あなたも家を）出た」という2つの事象間の時間関係は、〈先行―後続〉という〈継起（sequentiality）〉である。
　次のように、従属節の事象が「話しこんでいると」のように〈継続〉を表すアスペクト形式である場合には、2つの事象間の時間関係は〈同時（simultaneity）〉になる。

- 「今日もここで話しこんでいると、偶然にも熔子さんがイズニクに戻ってこられた。こんな田舎の街で日本人の女性に会えるのはラッキーだと仰有って」　　　　　　　　　　　　　　　（イスタンブールの闇）

　「スルト」形式には、テンス対立は無いが、「スルト―シテイルト」のアスペクト対立はある。このアスペクト的意味の違いが、〈継起―同時〉という複数の事象間の時間順序の違いを表し分ける〈機能〉を担っていることがわかる。

	アスペクト的意味	機能
スルト	完成	継起（先行）
シテイルト	継続	同時

この〈継起―同時〉の違いを〈タクシス(時間的順序性)〉と言っておくことにする。

(4)以上のように、実際の言語活動では、連文(ディスコース)においても複文においても、複数の事象間の時間関係の違いを表し分けることが必要になってくる。

そして、一口に〈複数の事象間の時間関係〉といっても、以下のようなタイプがあり、その表現手段もテンス形式(②の場合)に限定されるわけではないことがわかる。時間副詞、アスペクト形式も、連文や複文において、複数の事象間の時間関係を表し分けるために機能する。

① 連文のなかで、「後日」のような〈時間副詞〉で表現される、〈前文〉の事象時を基準点とする相対的テンポラリティー
② 従属複文のなかで、〈テンス形式〉で表現される、〈主文〉の事象時を基準点とする相対的テンス
③ 従属複文のなかで、「スルト―シテイルト」のような〈アスペクト〉の機能として表現されるタクシス(時間的順序性)

実際の言語活動において、〈発話行為時〉を基準点とする〈過去―現在―未来〉という〈発話場面との時間関係〉が重要なことは間違いないが、あわせて、〈他の事象時との時間関係〉も重要になってくる。本書の目的は、この両者を総合的に考察してみることにある。

(5)言語活動の基本的単位としての文は、一語文のような場合を除き、〈複数の単語からなる構造体〉である。と同時に、実際の言語活動において、〈場面・文脈〉のなかで生きて働く〈発話としての文〉の側面があることも見失ってはならないであろう。

近年、文法研究における discourse-functional な観点(あるいは discourse-pragmatic な観点)の重要性が強調されるようになってきているが、言語活動の基本的単位としての文は、場面・文脈のなかで機能するのであり、この機

能的な観点抜きには文の時間表現の諸相の考察は不可能であると思われる。
　逆に言えば、複数の表現手段による文の時間表現の諸相の考察は、どのように複数の文（事象）を有機的にむすびつけたディスコース（あるいはテクスト）が形成されるのか、あるいは、複数の事象を統合化した複文が形成されるのかという、実際の言語活動のありようの考察と相関している。
　脱コンテクスト化された1つの文を抽象的な図式としてとらえるのでは、実際の言語活動における文の時間表現の考察は不可能である。
　本書の目的は、コンテクストのなかで機能する文という観点から、複数の表現手段の協働による時間表現の諸相を考察することである。この点をもう少し具体的に示すと次のようになる。

2.　言語活動と文

（1）工藤1995では、時間のなかでの動的展開のある〈運動動詞〉が、単文や主文の述語（終止形）として機能する場合、次のようなアスペクト・テンス体系を形成していることを考察し、①〜③の点を述べた。

	完成	継続
非過去	スル	シテイル
過去	シタ	シテイタ

① 〈発話行為時〉を基準点とする〈過去（以前）―非過去（非以前）〉のテンス対立は、日常会話のような言語活動（話し手と聞き手の相互行為）である〈はなしあい〉で成立する。一方、小説の地の文のような、書き言葉の1つのタイプとしての〈かたり〉では違ってくる。
② シテイル（シテイタ）形式については、〈動作継続〉と〈結果継続〉を表す場合があるが、どちらも、動作や変化という運動を限界づけないで〈継続的〉にとらえている点では共通する。この〈継続〉というアスペクト的意味は、動作や変化を限界づけて〈完成的〉にとらえるスル（シタ）形式とアスペクト的に対立している。そして、この〈継続―完成〉

のアスペクト的意味の違いは、連文（テクスト）において、〈同時〉を表すか〈継起〉を表すかというタクシスの違いと相関している。なお、工藤1995では、このような連文関係に対して「テクスト」という用語を用いたが、ディスコースという用語に置き換えてもよい。
③ 特定の時間のなかで動的に展開する個別具体的な運動ではなく、時間の抽象化が進み、思考による一般化が行われる〈反復習慣〉では、スル形式がテンス的に〈発話行為時と同時〉つまり〈現在〉を表せるようになり、シテイル形式とのアスペクト対立もぼやけてくる。

- 近頃は、あちこちで地震が起きる（起きている）。

さらに、「人は死ぬ」のように、時間の抽象化が進み、主体の一般化も進むとアスペクト・テンス対立は無くなる。

（2）以上の考察は、ディスコース（テクスト）のなかにある文の時間表現の文法的な表現手段である4つのアスペクト・テンス形式に限定したものであった。これら4つのアスペクト・テンス形式が、文の時間表現の重要な表現手段であることに間違いはないが、これに尽きるわけではない。

様々な表現手段で、様々な時間を表現しなければ、実際の言語活動を有効に行うことはできないであろう。

そして、単純に時間を表現するだけではなく、広義因果関係（原因、理由、きっかけ、目的等）、話し手の評価・感情等の他の要素が、時間表現に〈複合化〉されることも起こってくる。

また、話し言葉と書き言葉では違いがでてくる。

コンテクストのなかの文の時間表現の諸相を考察するにあたって、本書で考慮する点について、先に述べておくと、次の4点になる。

A）言語活動のタイプ
B）文脈、特に前文との関係（連文関係）
C）複文（従属複文）における事象間の関係

D）従属複文と単文の関係

以下、順に述べる。

(3) A) 言語活動のタイプについては、〈話し言葉〉か〈書き言葉〉かの違いが重要であろう。この言語活動のタイプの違いは、〈継起〉や〈同時〉を表しうるシテ形式とシ形式の関係を考察するにあたって不可欠になる。「読み、書き」のようなシ形式は、「読んで、書いて」のようなシテ形式とは異なり、基本的に日常会話のような〈はなしあい〉では使用されない（使用されにくい）ことが指摘されている。シ形式は、手紙、エッセー、小説の地の文、論述文等のような〈書き言葉〉で使用される。

次の例はエッセーからのものである。書き言葉では、1つの文に3つ以上の事象を統合化する場合が多くなり、その際には、シテ形式とシ形式の両方が必要になると思われる。

- そこでオスマンは、既存の建物や路地を潰し、大通りを作って街中に風と光を入れた。(中略)町中にはガス灯が灯り、犯罪と悪臭も劇的に減って、花の都・パリが誕生したのである。　　　（いちまいの絵）

以上の最初の文は、「建物や路地を潰した→大通りを作った→街中に風と光を入れた」という3つの事象の〈継起〉の時間関係を（広義因果関係も複合化しつつ）表している。シ形式をシテ形式に変えても非文法的ではないが、書き言葉としては整った文とは言い難くなる。この点は、2番目の文でも同様であり、「灯り」を「灯って」に変えると、整った書き言葉の文とは言いにくくなる。

以上は、〈話し言葉〉か〈書き言葉〉かという言語活動のタイプの違いであるが、書き言葉の1つのタイプである〈かたり〉では、他の書き言葉のタイプとは異なる場合もでてくる。工藤1995において、日常会話のような〈はなしあい〉と、書き言葉の1つのタイプである、小説の地の文のような〈かたり〉とでは時間指示のあり方（テンス対立のあり方）が異なることを述べ

た。また、〈かたり〉では、時間の流れに沿った出来事の展開が重要になり、そこでは〈完成相〉が重要な機能を果たすことも述べた。

　本書では、〈かたり〉においては、〈はなしあい〉に比べて「ノダを伴う文」の使用が限定されており、その要因の１つとして、〈反復習慣〉や〈恒常性〉のような時間の抽象化が進んだ事象の場合には、ノダを伴わなくても〈説明〉の機能を果たせることを考察する。次の場合、ノダを伴う文でもよいが、ノダを伴わなくても、前文が表す事象(点線部分)への説明の機能を果たしている。〈一時的な個別具体的事象〉か〈時間の抽象化が進んだ事象〉かという〈事象の時間的タイプ〉の違いは、連文関係の違いに関わると思われる。

- 「兄さん、いらっしゃい」
とお延は正太に挨拶した。従兄妹同士の間ではあるが日ごろ正太のことを「兄さん、兄さん」と呼んでいた。　　　　　　　　　　　（家）

　実際の使用のなかの文の時間表現の考察は、話し言葉か書き言葉か、書き言葉の１つのタイプである〈かたり〉かといった〈言語活動のタイプ〉抜きには不可能であると思われる。

（4）B)文脈との関係については、文の時間の表現手段として、テンス形式とともに時間副詞を位置づけ、前文との時間関係を表す点で時間副詞が重要な機能を果たすことを考察する。

　話し手と聞き手の相互行為としての〈はなしあい〉では、単文や主文の述語のテンス形式や「今日、昨日、明日」のような時間副詞は、発話行為時を基準点とする〈ダイクティックな時間指示〉になる。

　テンス形式には、発話行為時が基準点ではない場合の形式が分化していないが、時間副詞には「当日、前日、翌日」のようなタイプの時間副詞が分化しており、これらは〈前文の事象時〉を基準点とする〈相対的な時間指示〉になる。以下の例では「そのあくる日」になっているが、「あくる日」だけでも、前文の事象時を基準点とする時間指示にかわりはない。

- 「長瀬道雄という男性と逢ったのは、西ドイツのレーゲンスブルクでしたのよ。<u>そのあくる日に</u>、彼が自殺するつもりだってことを知りましたの」　　　　　　　　　　　　　　　　　　　　（ドナウの旅人）

　実際の言語活動では、テンス形式と時間副詞という2つの表現手段を協働させて、発話場面（発話行為時）と文脈（前文の事象時）の両方に関係づけた〈複合的な時間指示〉を行う必要が起こってくることも多いと思われる。

　(5) C) 複文における事象間の関係という点については、1つの文に複数の事象が統合化される場合に、その統合度の違いによって、相対的に独立性のある〈並列複文〉とそうではない〈従属複文〉に分類されるが、本書で対象とするのは〈従属複文〉である。一口に〈従属複文〉とは言ってもいくつかのタイプがあるが、本書での考察対象は、次の2つのタイプである。
　第1は、これまで研究されてきたように、従属節が〈主文の事象時〉を基準点とする相対的テンスの意味になる場合である。その典型的なタイプとして、次のような場合を考察する。「君が来ること」は全体として名詞相当の機能を担っており、このような従属節を〈事象名詞節〉と呼んでおく。

- 「いつ、来たんだね」
  「はあ、昨日、つきました」
  「ああ、そうか。<u>君が来ること</u>は、日本からの便りで知っていたが。そりゃあご苦労さまでした」　　　　　　　　　　　　　　（留学）

　従属複文における事象間の時間関係は相対的テンスとして表現されるだけではない。第2のタイプとしては次のような場合がある。

- 「ハツ子さんが<u>帰ると</u>すぐ、あなたも家を出たのですね」菊池弁護士はたたみかけるように、きいた。　　　　　　　　　　　　（事件）
- 「今日もここで<u>話しこんでいると</u>、偶然にも熔子さんがイズニクに戻ってこられた。こんな田舎の街で日本人の女性に会えるのはラッキー

　　　　だと仰有って」　　　　　　　　　　　（イスタンブールの闇）

　「スルト」「シタラ」のような従属節の述語にはテンスはないが、「シテイルト」「シテイタラ」のようなアスペクトはあり、このアスペクト対立が〈継起―同時〉という時間関係の違いを表し分ける。そして、このような時間関係は、上の例の「すぐ」という時間副詞が示しているように、一定の限定された時間帯（integral time period）における事象間の時間関係である。
　工藤1995において、連文（テクスト）のなかで、〈完成―継続〉のアスペクト的意味の違いが、〈継起―同時〉という複数の時間関係の違いに相関していることを述べたが、この点は、複数の事象を1つの文に統合化する〈従属複文〉できわめて重要になってくる。
　そして、相対的テンスの場合とは違って、〈継起〉という時間関係には、広義因果関係が〈複合化〉されやすい。以下の最初の例では、〈継起〉という時間関係のみならず、「先生が教壇に立った」という事象が〈きっかけ〉となって「みんなが静まった」という事象を引き起こしたという広義因果関係も複合化されている。一方、後の例（事象名詞節）のような、主文の事象時「知らされていた」を基準点とする時間指示としての相対的テンスにはこのようなことは起こらない。

- 先生が教壇に立つと、みんなは何事もなかったように静まった。
　　　　　　　　　　　　　　　　　　　（そして、バトンは渡された）
- 彼は今日、東京少年鑑別所から7人の少年が少年院に送致されてくるのを知らされていた。　　　　　　　　　　　　　　　　　　（冬の旅）

　(6) D) 従属複文と単文の関係については、上述した2つのタイプの従属複文（相対的テンスとタクシス）と単文の中間に、2つのタイプがあることを考察する。どちらも、時間表現のありかたが変容する。
　第1に、1つの文に複数の事象を統合化するにあたって、多くの言語で、次のようなa)とb)の2つの表現手段があることが指摘されている。それぞれをa)〈事象名詞節〉、b)〈事象名詞句〉と呼んで区別しておく。

a) 事象名詞節
- この友達が死んだことを僕はあまり悲しまなかった。
　　　　　　　　　　　　　　　　　　　　　（若き日の思い出）
- （前略）当時発掘にあたった人々は、ほぼ完全なかたちを留めた古代都市が発見されたことに、さぞや驚いたにちがいない。（いちまいの絵）

b) 事象名詞句
- 六花は六花なりに、あなたの死を受け入れたのではないでしょうか。私にはそう感じられてなりません。　　　（ライオンのおやつ）
- 彼は昔その丘に一度は父に連れられ、一度は母に連れられて、切支丹の虐殺を見に行ったことがあった。　　　　　（青銅の基督）

　a)の下線部分を「この友達の死」「古代都市の発見」に言い換えることができ、逆に、b)の下線部分を「あなたが死んだこと」「切支丹が虐殺されるの」に言い換えることが可能である。ただし、b)事象名詞句では、時間が表現されないので「あなたが死ぬこと」の可能性もあり、どちらであるかは〈文脈〉に委ねられることになる。

　どちらも、〈意味的〉には、1つの文に複数の事象を統合化している点で共通する。

　しかし、文の〈構造〉の観点からは、a)は従属複文であり、下線部分は文相当の〈従属節〉である。一方、b)は、単文に近く、下線部分は〈名詞句〉である。「死」「虐殺」は名詞相当であり、したがって、テンスやヴォイスは無い。あわせて、「あなたの」「切支丹の」という、主体や客体を表す〈連体格〉とむすびついている。そして、主体なのか客体なのかを明示するために、次のように「〜カラノ」や「〜ヘノ」が使用される。

〈主体〉
- シャビエルはここに強敵を認め、宗論をはじめる前に既に彼らからの迫害を覚悟した。　　　　　　　　　　　　　　　（鎖国）

〈客体〉
- 何も言わないことが、息子への非難を意味していた。（青春の蹉跌）

1つの文に複数の事象を統合化する場合に、〈事象名詞節〉と〈事象名詞句〉という2つのタイプがあることになるため、時間表現の有無と主体・客体関係の表示のありかたの考察も必要になってくるであろう。

　第2に、もう1つの、統合度が強く、単文に近づいた構造の文がある。次のようなシテ形式は、主文の動詞（「教える」「戻る」）が表す動作に一体的に随伴する動作（一体的同時性）を表している。〈同一主体〉の一体的動作であることから言って、単文に近づいた構造になっている。

- 「（前略）まだ少しおかわりができますので、欲しい人は手を挙げて教えてくださいね」　　　　　　　　　　　　　　（ライオンのおやつ）
- 私たちは博士のところまで走って戻った。　　（博士の愛した数式）

　以上の点は、既に指摘されているが、さらには次のような特徴もある。次のシテ形式やシ形式は、主文の述語（終止形）に、テンスのみならずアスペクトも依存しており、主文の述語（終止形）が〈継続相〉であれば、シテ形式、シ形式も〈継続〉の意味になる。

- 「閑間さん、顔をどこかで打たれましたね。皮が剥けて色が変わっております。痛いでしょう、痛そうです」　　　　　　　　（黒い雨）
- 畳敷きの船室には十人程度の男女が詰め込まれていた。半数の者が寝転び、半数の者が起きていた。　　　　　　　（あすなろ物語）

　このようなことは、従属複文を構成する、スルト形式、シタラ形式には起こらない。主文の述語（終止形）が継続相であっても、スルト形式、シタラ形式は〈完成〉というアスペクト的意味である。

- 「行ったら、締まってたんだよ」
　——お店が？
　「うん」　　　　　　　　　　　　　　　　　　　　　　（不信のとき）

したがって、3つの事象が統合化されている次の例では、3つの事象間のタクシス関係を図式化すると、下のようになる。「開けて」は、「出ていく」という事象との継起関係は表してはいない。

- 二人で玄関に出ていくと、刑事たちは靴箱を開けて無遠慮に中を覗いていた。　　　　　　　　　　　　　　　　　　　　　　　　　（宿命）

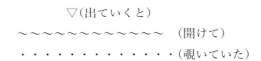

次の例も同様であり、上の図のようなタクシス関係になる。

- 気づいてみたら、アイロンが畳の上に倒れ、畳が焦げていた。
　　　　　　　　　　　　　　　　　　　　　　　　　（冬の旅）

また、スルト形式、シタラ形式では、2つの事象の主体が〈同一主体〉の場合は、「〜は」であることが義務的であり、「〜が」にすると別の主体になる。逆に、主体が異なる後の例では、「〜は」にすることはできない。

- 私はパパの後をついて台所に行くと、引き出しから布巾を取り出した。　　　　　　　　　　　　　　　　　（そして、バトンは渡された）
- ボーイが部屋を出て行くと、賢行はすぐ東京へ電話を申し込んだ。
　　　　　　　　　　　　　　　　　　　　　　　　　（憂愁平野）

これに対し、シテ形式、シ形式は、同一主体の場合にも「〜が」が可能である。

- 大輔が号令をかけるように言って、車道を歩きだした。（山女日記）

このことは、スルト形式、シタラ形式に比べて、シテ形式、シ形式では、複数の事象間の〈統合度〉が強くなっていることを示している。シテ形式、シ形式は、〈なかどめ（中止）〉の構文的機能を担うとされてきているが、このような〈なかどめ構造の文〉における時間表現のありようも考察する必要がある。
　以上のように、C)で述べた2つのタイプの〈従属複文〉に準じ、単文に近づいた2つのタイプ（事象名詞句、なかどめ構造の文）も視野に入れて時間表現のありようを考察する。

　(7) こうして、実際の言語活動における文の時間表現の諸相の考察にあたっては、A)～D)の4つの観点が不可欠になってくると思われる。この観点に留意したうえで、次の節では、文の時間表現の4つの側面とそれに複合化される他の要素について述べる。

3. 文と時間表現

3.1 時間表現の4つの側面

　文の時間表現には、やや単純化して言えば、次のような4つの〈意味・機能的カテゴリー〉があると思われる。（なお、事象の外的時間であるテンポラリティーよりも、事象の内的時間であるアスペクチュアリティーの方が、事象の時間的タイプである時間的限定性に近い関係にあるとも言えるが、ここでは、タクシスとの関係上、このような順序としている。）

　　ⅰ）時間的限定性　　　　　：事象の時間的タイプ
　　ⅱ）テンポラリティー　　　：事象の外的時間
　　ⅲ）アスペクチュアリティー：事象の内的時間
　　ⅳ）タクシス　　　　　　　：事象間の時間的順序

　ⅰ）〈時間的限定性〉の問題は、早くには佐久間1941によって指摘され、奥田1988bやGivón 2001の考察を踏まえて工藤2014でも考察した。

本書では、次のような連続性を視野に入れつつ、下記の点にフォーカスして考察する。

時間的限定性

有・・・・・・・・・・・・・・・・・・・・・・・・・・・無
　〈一時的事象〉　　　　　　〈反復習慣的事象〉　　〈恒常的事象〉

〈一時的な個別具体的事象〉
　① 特定の時間に現象するアクチュアルな事象である。
　② テンポラリティー、アスペクチュアリティー、タクシスが全面的に分化しうる。
〈反復習慣的事象〉〈恒常的事象〉
　① 時間が抽象化されたポテンシャルな事象である。
　② 一時的事象のように知覚による認識はできず、思考による一般化である。

ⅱ)〈テンポラリティー〉は、事象の外的な時間的位置づけ、つまりは、一定の基準点からの時間指示である。テンポラリティーには、ダイクティックな(絶対的)テンポラリティーと、相対的なテンポラリティーがある。テンポラリティーの表現手段には、テンス形式と時間副詞の２つのタイプがある。

〈ダイクティックな(絶対的)テンポラリティー〉
　① その都度の〈発話行為時〉が基準点となるダイクティックな時間指示であり、〈過去―現在―未来〉を表す。
　② 動作や変化を表す運動動詞述語では、スル形式は〈現在〉を表せず、シテイル形式が表す。
　③「昨日、明日」のようなダイクティックな時間副詞は、テンス形式では表せない具体的な時間指示を行う。

〈相対的テンポラリティー〉
① 前文が表す事象時が基準点になる場合と、主文の事象時が基準点となる場合がある。
② 前文の事象時が基準点となる場合では、「前日、翌日」のような時間副詞が機能し、主文の事象時が基準点になる場合はテンス形式が機能する。

以上の〈相対的テンポラリティー〉の方は、〈事象間の時間関係〉を表す点では、ⅳ)〈タクシス〉と共通する。

ⅲ)〈アスペクチュアリティー〉は、事象の内的時間である。アスペクチュアリティーの表現手段には、動詞の語彙的意味、「し始める、し終わる」のような派生動詞、「だんだん、しばらく」のような時間副詞など様々なタイプがある(工藤1995)。

このなかで、「スル―シテイル」のアスペクト対立は、動詞らしい動詞である〈運動動詞〉すべてに成立する点で、最も文法化の進んだものであると思われる。〈アスペクト〉の特徴は次の点にある。

① シテイル形式が、〈動作継続〉であれ〈結果継続〉であれ、動的事象である運動を〈継続的〉にとらえるのに対し、スル形式は、動的事象を時間的に限界づけて〈完成的〉にとらえる。
② このアスペクト的意味の違いは、〈継起〉か〈同時〉かという他の事象との時間関係の違い(タクシス)として機能する。したがって、アスペクトについては、意味と機能を相関的に考える必要がある。

ⅳ)〈タクシス〉は、〈継起〉か〈同時〉かという他の事象との〈時間的順序〉の違いである。連文や従属複文において、事象間の時間関係を表す点では〈相対的テンポラリティー〉と共通するが、タクシスの特徴は、次の点にある。

① 〈継起〉〈同時〉というタクシスは、一定の限定された時間帯(integral time period)における複数の事象間の関係を表現する。
② タクシスの表現手段には、大きくは2つのタイプがある。
第1に、アスペクト形式は、連文でも複文でもタクシスの表現手段として機能する。第2に、多義・多機能的ではあるが、シテ形式、シ形式もタクシスの表現手段となる。あわせて、シテカラ形式(先行性)やシナガラ形式(同時性)もタクシスの表現手段となる。
③ 複数の事象の〈統合度〉の強さの違いによって、継起や同時のタクシス関係にはバリエーションがある。

3.2　時間表現と他の要素の複合化

　以上のように、意味・機能的カテゴリーとしては、4つのタイプがあり、相互に相関しているが、あわせて、実際の言語活動において機能する発話としての文では、時間表現と他の要素との複合化もおこる。
　第1に、〈時間的限定性〉の違いは、事象の〈記述描写〉か〈説明〉かの違いに相関する。時間的限定性のある〈一時的な個別具体的な事象〉では、〈完成─継続〉のアスペクトが〈継起─同時〉の時間的順序を記述描写する。一方、思考による一般化によって時間が抽象化された〈ポテンシャルな事象〉(典型的には恒常的事象)は、前文との関係のなかで〈記述描写〉ではなく〈説明〉として機能しうると思われる。
　第2に、発話行為時を基準点とする〈ダイクティックなテンポラリティー〉は、話し手の評価・感情や体験性と複合化されることが起こる。
　第3に、〈タクシス〉は、広義因果関係と複合化されやすい。
　第4に、複数の事象間の統合度の強さは、〈主体の同一性〉と相関する。

　以上のように、本書では、時間表現の4つの側面と、他の要素との複合化を視野にいれて考察する。
　ただし、事象の内的時間であるアスペクチュアリティーそのものについては考察外とし、タクシスとして機能するアスペクトだけに限定する。

4. 本書の構成

　本書は 3 部から構成されている。最初に、第Ⅰ部と第Ⅱ部の構成について述べ、補部については、そのあとで説明する。

　第Ⅰ部と第Ⅱ部は全体として 6 章からなり、独立して読めるようになっているが、第Ⅰ部の第 1 章、第Ⅱ部の第 4 章の「おわりに」において、それぞれ、続く章との関係も示している。

　また、「終章」では、第Ⅰ部と第Ⅱ部全体のまとめを提示している。

4.1　第Ⅰ部と第Ⅱ部について

　(1)第Ⅰ部の「場面・文脈のなかの文と時間表現」は、3 章よりなる。

　第 1 章では、①最も基本的な言語活動である〈はなしあい〉に限定して、②発話行為時との時間関係と前文が表す事象時との時間関係のなかで、③テンス形式と時間副詞との協働によって、文のテンポラリティーが具体的に表現されることを述べる。

　現在のことなのか、過去(これまで)のことなのか、未来(これから)のことなのかを表現することは〈はなしあい〉において最も重要であるが、実際の言語活動では、これだけで十分であるとは言えない。なお、〈かたり〉のような言語活動のタイプにおけるテンポラリティーについては、不十分ながら工藤 1995 で考察したので、そちらを参照されたい。

　第 2 章では、「あの時」「今ごろ」のようなダイクティックなテンポラリティーを表す時間副詞が協働する文では、話し手の体験性や評価・感情といったモーダルな意味が複合化されることを述べる。「つい最近」「たった今」のような時間副詞でも、事象の時間指示だけでなく発話行為時との時間的距離に対する話し手の評価があるわけであるが、話し手の立場からの事象の時間指示では、ダイクティックなテンポラルな意味だけではなく、モーダルな意味が複合化されやすいと思われる。

　第 3 章では、〈かたり〉(小説の地の文)に限定して、一時的事象か否かという事象の時間的タイプとしての〈時間的限定性〉の違いによって、前文との関係のありかたが異なってくることを考察する。時間の流れにそって一時

的事象(出来事)の動的展開を物語る〈かたり〉では、アスペクトの機能、特に〈継起〉の機能を担う〈完成相〉が重要になってくる。そして、時間的限定性のある一時的事象の場合には、前文が表す事象に対する原因の〈説明〉、あるいは前文が表す抽象的な事象に対する具体化という〈説明〉の機能を担わせるためには「ノダを伴う文」にする必要がある。一方、時間が抽象化された〈ポテンシャルな事象〉は、ノダを伴う文にしなくても、前文に対する〈説明〉の機能を担うと思われる。

(2) 第Ⅱ部「複文と時間表現」では、1つの文に複数の事象が統合化される〈従属複文〉とそれに準じる構造の文における時間表現の諸相を考察する。

まず、第4章では、従属複文における事象間の時間関係には、〈相対的テンス〉と〈タクシス〉の2つのタイプがあることを述べる。相対的テンスとタクシスは、どちらも事象間の時間関係である点では共通しているのだが、主文の事象時を基準点とする時間指示なのか、複数の事象間の時間的順序なのかで異なる。

従来、テンス形式による相対的テンスに焦点があてられてきたが、アスペクト形式もまた、テンス形式とは異なるかたちで、時間関係としてのタクシスを表す。そして、タクシスの表現手段には、アスペクト形式だけにはとどまらない複数の表現手段があることを述べる。

第5章では、話し言葉か書き言葉かを分けたうえで、統合度が強く、単文に近づいた構造となる〈なかどめ構造の文〉において「シテ形式」と「シ形式」が、どのようなタクシス関係を表し分けるかを考察する。

従来の研究では、2つの事象に限っての考察が中心であったが、書き言葉では、3つ以上の事象を1つの文に統合化する場合も多く、その際に2つの形式の使用が必要になってくる。

そして、この2つの形式では明示しきれないタクシスを表すために、シテカラ形式やシナガラ形式があることを述べる。

第6章では、1つの文に複数の事象が統合化されている点で共通する〈事象名詞節〉と〈事象名詞句〉の関係を考察する。〈事象名詞節〉という従属節には、〈連用格(が格、を格)〉で表現される〈主体・客体関係〉と、時間(相

対的テンス)やヴォイスが分化している。一方、〈事象名詞句〉では、時間表現が無くなる（時間的意味を文脈に委ねる）とともに、〈連体格（ノ格、ヘノ格、カラノ格）〉となり、主体・客体関係の表現のありようも異なってくる。

（3）なお、複文（従属複文）の時間表現といえば、「する時」「する前」「した後」「している間」「するうち」のような形式名詞による時間の従属複文があるが、これについては、本書では考察していない。複数の事象間の時間関係を表し分けていることに違いはないが、主文と従属節の動詞のアスペクトやテンスと相関しつつ、どのような相互関係を構成しているのかについては、工藤1995での考察をブラッシュアップすることが不可欠であり、今後の課題とする。

また、連体修飾の従属節の場合も考察していない。連体修飾の従属節における時間表現の諸相にも複雑なものがあり、これについても今後の課題とする。

4.2　補部について

（1）本書における考察については、国内外の様々な先行研究の恩恵を受けているが、日本語を対象とした考察では、とりわけ、奥田靖雄の諸論考から根底的な影響を受けている。補部の2つの章は、奥田靖雄の半世紀にわたる文法研究、特に、後期（第4期と第5期）の論考を取り上げたものである。

奥田1985b『ことばの研究・序説』の「あとがき」において、自らの研究を4期にわけ、1984年以降を本格的な構文論（文論）研究の段階と位置づけている。1984年頃から、奥田は、文の本質的特徴を〈対象的意味〉と〈陳述的意味〉の相関体としたうえで、構文論研究を推進した。同時に、言語学研究会・構文論グループを組織し、奥田構想に基づく複文論の研究も推進した。

このように第4期において構文論研究の一定の成果を出した後、第5期（1996年頃以降）では、構文論と形態論の相互作用という観点からの形態論のブラッシュアップと、発話論（プラグマティクス）への展開という2つの方向を目指した。奥田の構文論研究は、一方では、形態論の深化へ、他方では、

発話論あるいはプラグマティクスへの進展につながっている。

　最初の章では、「動詞論」を対象として展開されている「構文論と形態論との関係」についての奥田の見解を紹介する。単純化して言えば、〈文〉という全体と、〈単語〉という部分との動的関係をどう考えるかを問題にしている。

　次の章では、「文論（構文論）と発話論（プラグマティクス）との関係」についての奥田靖雄の考察を紹介する。単純化して言えば、ここでは、〈文〉と〈発話〉との関係をどう考えるかを問題にしている。なお、この章では、タイトルを含め、構文論ではなく「文論」という用語を使用している。

（2）最初の章の「動詞論」について言えば、特に次の2点が強調されている。

① 構文論の具体的進展を基盤にして、〈構文的機能〉を重視した動詞論を展開し、「構文論と形態論との動的な関係」を明示している点。アスペクトの位置づけ、連体形の位置づけが、鈴木1972『日本語文法・形態論』と大きく異なっている点にも現れているように、動詞の〈活用論〉としても重要である。具体的には、〈終止〉〈連用〉〈連体〉〈条件〉の4つの構文論的機能を優先させたうえで、形態論的形式のありようを提示している。
② 全体（文）と部分（単語）の相互作用を重視する奥田の方法論が明示されており、文法化の観点も内包されている点。動詞論が、構文論と形態論がきりむすぶところで展開されていることが重要であろう。

次の章の「文論と発話論との関係」については、本格的な文論研究の出発点として位置づけられる奥田1984a「文のこと」において、冒頭に次の点が述べられている。

① 文は段落あるいは《はなしあいの構造》のなかにあって、その構成要素として存在する。段落とか《はなしあいの構造》のそとで文をしら

べることは、言語学者にしてみれば、自分たちの成果をまずしくする
　　　だけのことである。
　②　たしかにそうではあるが、言語学者は段落とか《はなしあいの構造》
　　　からはなれたところで文をあつかうこともできる。研究のある段階で
　　　は、そうすることは必要な抽象であって、そのほうがかえってみのり
　　　ゆたかであるとも考えられる。
　③　文を段落や《はなしあいの構造》のそとでしらべるか、それともこれ
　　　らの構成要素としてしらべるかということは、文の研究のふかまりの
　　　度あいをかたっているだけのことなのだろう。

　やや単純化して言えば、奥田は第4期においては②の点を具体的に追求し、それを基盤にして、第5期において①の点を本格的に追求しようとした。重要なことは、そもそもの出発点において、発話論あるいはプラグマティクスの観点は内包されていたということである。

　残念ながら病に倒れ、名詞論のブラッシュアップや、発話論（プラグマティクス）の本格的論考を公刊する時間的余裕がなかったが、大きな方向性は打ち出していると思われる。

第Ⅰ部

場面・文脈のなかの文と時間表現

第1章
発話としての文のテンポラリティー
―はなしあいの場合―

1. はじめに

　言語活動の基本的単位は〈文〉であるが、その文は、a)のように時間的限定性の無い恒常的事象を表す場合も、b)のように時間的限定性のある個別具体的な事象を表す場合もある。そして、現代日本語では、後者の文の述語には、下線部のような〈テンス〉が分化している。このことは共通認識になっていると言ってよいであろう。

　a）人は死ぬ。
　　　ウサギの目は赤い。
　b）隣の犬が死んだ。　　⇔　　隣の犬が死ぬ。
　　　子供の目が赤かった。⇔　　子供の目が赤い。

　時間のなかでの動的展開のある動詞らしい動詞である〈運動動詞〉について言えば、シタ形式は基本的に〈発話行為時〉を基準点として〈以前（過去）〉を表し、スル形式は〈以後（未来）〉を表す。
　だが、実際の言語活動においては、このような〈抽象的な時間指示（temporal reference）〉だけでは十分ではない場合が多々ある。
　次の場合、どちらも、動詞述語（「出す」「お支払いします」）のテンス的意味は〈発話行為時以後（未来）〉であるが、「明日」「後日」という時間副詞によって文が表す事象の成立時を〈具体化〉あるいは〈特定化〉することなし

には、話し手と聞き手の〈はなしあい〉は成り立たないと言えよう。時間副詞を取りさると、発話としての文の意味が分からなくなってしまう（時間副詞か時間名詞かの問題については後述する）。

- 「何だって？」小野寺はおどろいて立ちどまった。「もう辞表を出したのか？」
「<u>明日出す</u>。もう腹は決まった。（後略）」　　　　　　　（日本沈没）
- 航空券はご自身でご購入ください。<u>後日</u>、米ドルにて現金でお支払いします。　　　　　　　　　　　　　　　　　　　　（楽園のカンヴァス）

　最初の例では、辞表を出すのが話し手の発話行為時の一日後であることを具体化・特定化している。一方、後の例では、〈前文の事象時〉を基準点として、購入後に現金での支払いがあることを具体化・特定化している。

　この事実は、言語活動の基本的単位としての文が表す事象の時間指示（時間的位置づけ）は、述語のテンスだけが表すのではなく、時間副詞との組み合わせで表現されることをしめしている。テンスと区別して、文が表す事象の時間指示（時間的位置づけ）に関わる意味・機能的カテゴリーを〈テンポラリティー〉と呼んでおくことにする。

　本章の目的は、①最も基本的な言語活動である話し手と聞き手の相互行為としての〈はなしあい〉における、②〈場面・文脈〉に関係づけられた、話し手の〈発話としての文〉のテンポラリティーについて考察することである。

　〈場面〉とは〈私・今・ここ〉という話し手の発話行為の場であり、〈文脈〉とは他の文、特に前文との関係づけである。

　発話としての文のテンポラリティーにおいては、〈話し手の発話行為時〉を基準点として〈以前−非以前〉という抽象的な時間指示を行うテンスに対して、時間副詞の方が、〈発話行為時〉が基準点となる時間の具体化・特定化を行ったり、〈前文の事象時〉が基準点となる時間指示の特定化・具体化を行ったりすると言えよう。

2. テンポラリティー・テンス・時間副詞

（1）どのような言語でも、言語活動の基本的単位である文が表す事象の実現時を、基準点との関係の中で指示することは不可欠であろう。文が表す事象の実現時を指示する意味・機能的カテゴリーを〈テンポラリティー〉と呼んで、テンスと区別しておくことにする（工藤 1995）。

このテンポラリティーの表現手段には、大きくは、文法的表現手段としてのテンスと、語彙的表現手段としての時間副詞という2つのタイプがある。

テンスについては、類型論的研究の進展によって、次の点が明らかになってきていると思われる（Comrie 1985、Timberlake 2007 等）。

①文法的（形態論的）表現手段としてのテンスがある言語もあれば無い言語もある。
②テンスという文法的カテゴリーの有りようには様々なタイプがあるが、語彙的表現手段としての時間副詞とは違って、テンスを表現する形式は限定的であり、多く見られるのは2項対立的なものである。

テンスが無い言語においても、文（発話）のテンポラリティーが表現できないわけではない。「今」「今日、明日、昨日」あるいは「その時」「翌日、前日」に相当する表現手段はどのような言語にもあるとされている。これらの語彙的表現手段は、基準点との関係のなかで事象の実現時を指示する点で、テンスと共通する意味・機能を担う。

現代日本語には、テンスという文法的表現手段も、時間副詞という語彙的表現手段も発達している。そして、テンスという文法的カテゴリーは〈以前―非以前〉、基本的には〈発話行為時〉を基準点とする〈過去―非過去〉という2項対立的なものである。

（2）テンポラリティーの表現手段のひとつとしてのテンス形式は、〈発話行為時以前〉か否かによって対立しているが、これは、その都度の話し手による主体的な発話行為が行使されなければ現実化しえない〈ダイクティック

な時間指示〉である。

　そして、「寒い」「いる」のような非動的な〈状態〉や〈滞在(一時的存在)〉を表す事象(スタティックな事象)と違って、動的事象(動作や変化という運動)の場合には、〈発話行為時と同時〉の場合には、スル形式が使用できず、シテイル形式を基本的に使用しなければならない。非動的事象(スタティックな事象)とは違って、動的事象(運動動詞)にはアスペクトが発達しており、アスペクトとの相関性のもとでテンス形式が、発話としての文の時間指示を行う。

発話行為時
▼

いた(寒かった)	いる(寒い)	いる(寒い)
歩いた		歩く
歩いていた	歩いている	歩いている

　テンス形式自体は〈発話行為時〉を基準点とする〈以前〉か否かという、極めて抽象的な時間指示であるため、実際の話し手と聞き手の〈はなしあい〉では、下線で示したような〈時間指示の特定化〉が求められることも多い。次のような〈はなしあい〉は日常茶飯事であろう。

　● 「いつ、こちらにお見えになりましたか？」
　　「昨夜、発ちましてね。今朝、着いたばかりです」
　　「それは、さぞお疲れでございましょう」　　　　　　　(砂の器)

　上述したように、世界の言語のなかには、テンスの無い言語があることが知られているが、時間副詞が無い言語は存在しないであろう。文のテンポラリティーは、文法化されたテンスが無くても表現できるという意味で、文のテンポラリティーの表現手段としての時間副詞の存在は重要であると言わなければならない。

　現代日本語でも、例えばシテ形式やシタラ形式、スレバ形式にはテンスが

無いが、時間副詞による時間指示はできる。2番目の例では「いま」を取り去ると発話の意味がわからなくなる。

- 「まったく偶然なんだけど、兄貴が、<u>さっき</u>日本に<u>着いて</u>、いま、こっちに向かっているんだ」　　　　　　　　　　　　　　（海辺の扉）
- 「ばかな、君は技師のチャンスを逃すのか。<u>いま</u>技師に<u>ならなかったら</u>、金輪際チャンスは廻って来ないぞ。(後略)」　　　　　（孤高の人）
- 「(前略)俺は、<u>来年の春</u>学校を<u>でれば</u>、だまって親父の会社に入れるんだ」　　　　　　　　　　　　　　　　　　　　　　　（冬の旅）

　これまで、テンスの研究はさかんに行われてきており、時間副詞の研究も川端1964、工藤浩1985、仁田2002等の論考が公刊されている（工藤1995でも簡単に述べた）。しかしながら、〈発話としての文のテンポラリティー〉の観点から、テンスと時間副詞がどのように協働しているかの研究は十分に行われているとは言い難いと思われる。

　以下、次の順序で考察する。

①まず、テンスと時間副詞というテンポラリティーの2つの表現手段が、どのように機能分担をしているか、その概略を述べる。
②次に、発話としての文における時間指示の特定化という観点から見た時間副詞の特徴を述べる。
③そのうえで、発話としての文におけるテンスと時間副詞の協働の様相を、ダイクティックな時間指示とその特定化、ダイクティックな時間指示とアナフォリックな時間指示の複合化、という2つの観点から考察する。

3.　テンポラリティーを表現するテンスと時間副詞の機能分担

　(1)まず、大局的な観点から、現代日本語において、テンスと時間副詞がどのように機能分担をしつつ、文のテンポラリティーという時間指示を行う

かをみておくと、次のようになる。

【テンポラリティー】

表現手段	〈テンス〉	〈時間副詞〉
	過去形―非過去形	様々な形式
時間指示	抽象的	具体的（合成的表現形式も有）
時間指示の基準点	発話行為時	発話行為時
	主文の事象時	前文の事象時

（2）文法的表現手段としてのテンスは、多くは２項対立的であるか、それ以上であってもその表現手段が限定的であることが Comrie 1985、Timberlake 2007 等の類型論的研究において明らかになっている。したがって、その時間指示は抽象的になる。

一方、時間副詞には「今、さっき、後で、今日、明日、先月、翌日、翌年、朝、春、月曜日、８時、３月」等様々な形式があり、その時間指示は具体的である。そして、さらに具体化するために「明日の夜の８時、来週の月曜日の午後、来年の春」のような合成的表現も可能である。

（3）テンスは、抽象的なかたちでの時間指示であるため、事象の成立時間の〈特定化〉が必要になる。この特定化の機能を担うのが、時間副詞である。

時間副詞は、テンス形式では表しきれない時間の特定化を行うが、大きくは２つのタイプがある。次の例を比べられたい。

- 「いつ、来たんだね」
「はあ、昨日、つきました」　　　　　　　　　　　　　　　　（留学）
- 「私が神社の前にたたずんでいましたのは、そこで待っておれという先生のお言葉だったからです」
「いつ、命令を受けましたか」
「その前日、午後二時ごろ、先生から社へお電話がありましたのです。渡すものがあるから、正午ごろ神社の前で待っておれと申されまし

た」
　　　　　　　　　　　　　　　　　　　　　　　（正午の殺人）

　テンス形式「つきました」「ありました」は、どちらも〈発話行為時以前〉を表している。そのうえで、「昨日」を伴う文は、〈発話行為時〉を基準としたダイクティックな時間指示の特定化・具体化を行っている。一方、「その前日」を伴う文では、破線で示した〈前文が表す事象時〉を基準点としたアナフォリックな時間指示による特定化・具体化を行っている。この文は、テンス形式の基準点は〈発話行為時〉であり、時間副詞の基準点は〈前文の事象時〉であるという複合的なテンポラリティーを表していると言えよう。

　(4) 以上のように、テンス形式は〈終止〉の構文的位置では〈発話行為時〉が基準点になるが、既に指摘されているように、〈非終止〉（従属節の述語）の場合には、〈主文の事象時〉が基準点になることがおこる。
　次のような〈はなしあい〉の場合、主文の述語「知っていた」は、〈発話行為時〉を基準点として〈以前（過去）〉である。一方、従属節の述語（〈非終止形〉）では、破線部分が示すように発話行為時以前のことであるにも関わらず、主文の事象時「知っていた」を基準点として〈以後〉であるため、スル形式（「来る」）が使用されている。

- 「いつ、来たんだね」
  「はあ、昨日、つきました」
  「ああ、そうか。君が来ることは、日本からの便りで知っていたが。そりゃあ御苦労さまでした」
  　　　　　　　　　　　　　　　　　　　　　　（留学）

次の「来る」も、発話行為時以後のことではない。

- 「ねえ、美晴。ずっと訊こうと思っていたんだけど、匠くんには私のところに来ることを伝えてあるの？」
  訊くと、美晴は「言ってあるよ」とあっさりと答えた。
  　　　　　　　　　　　　　　　　　　　（52 ヘルツのクジラたち）

一方、次の例では、「歩く」「出来る」という事象が実現するのは発話行為時以後ではあるが、主文の事象時「引く」「抱かせてあげる」を基準点として〈以前〉であるため、シタ形式「歩いた」「出来た」が使用されている。

- 「5万分の1の地図を8つに折ってな、その地図を片手に持って歩き廻るんだ。帰って来たら、その地図の上に歩いた道を赤鉛筆で引くんだ」　　　　　　　　　　　　　　　　　　　　　　　（孤高の人）
- 「子供が生まれるとき、お父さんをミュンヘンに呼んであげてね。麻沙子とシギィのあいだに出来た赤ちゃんを、お父さんに最初に抱かせてあげてね」　　　　　　　　　　　　　　　　　　　（ドナウの旅人）

このような用法は〈相対的テンス〉と言われている。以上の例の「来る」を「来た」に言い換えることはできない。また「歩いた」を「歩く」に言い換えることはできず、「出来た」を「出来る」に言い換えるのも不適切である。

次の場合の、シテイル形式「紛失している」とシテイタ形式「遊んでいた」も同様である。主文の事象時「知りました」「帰ってしまってた」を基準点として、〈同時〉か〈以前〉かが表し分けられている。「紛失していた」「遊んでいる」に言い換えることはできない。

- 「(前略)右手の手袋は、帰ってから紛失していることを知りました。どこで落としたのかわかりません。あとで、それが死体のそばにあったと聞いてびっくりしました」　　　　　　　　　　　（霧の旗）
- 「もちろんもう陽が暮れて真っ暗ですよ。遊んでいた子供たちも帰ってしまってた」　　　　　　　　　　　　　　　　　（クロスファイア）

〈非終止〉であっても相対的テンス化が起こらない場合もある。最初の例では、「これから」が共起している。「これから」が無ければ「生まれてきた」に言い換えてもよい。2番目の例でも「昨日」が共起している。3番目の例の「作った」は、破線で示したような文脈上、主文の述語「飲む」が基準点ではなく、〈発話行為時以前〉を表している。

- 「あの人には、絵を見る喜びを教えていただいた。…これから生まれてくる子供にも、あの人の作品を見せて、絵を見る喜びを伝えようと思っています」　　　　　　　　　　　　　　　（楽園のカンヴァス）
- 「先生昨日書いてた絵を見せて下さい」などと言った。　（田舎教師）
- 「だったらぜひ、僕らの作ったワイン、飲んでみてくださいね。ライオンの家にもあるはずですから」　　　　　（ライオンのおやつ）

　テンス形式では、同じ形式が、〈終止〉という構文的位置では〈ダイクティックな(絶対的)テンス〉となり、〈非終止〉という構文的位置では〈相対的テンス〉になる場合もそうではない場合もあると言えよう。
　ここで重要なことは、相対的テンスは〈主文の事象時〉が基準点であるということである。

　(**5**) このようなテンス形式に対して、時間副詞には、「今日、昨日、明日」のような発話行為時を基準点とするタイプと、「当日、前日、翌日」のような発話行為時が基準点ではないタイプが分化している。
　「今日、昨日、明日」のような時間副詞は、発話行為時を基準点とする点ではテンス形式と共通しているが、テンス形式とは異なり、どのような〈構文的位置〉でも相対化することは無い。
　したがって、次の例では、従属節の事象を表すテンス形式「来る」は〈相対的テンス〉化しているが、時間副詞「今日」は発話行為時基準である。テンス形式と時間副詞が共起することによって、発話行為時と主文の事象時の両方を基準点とする従属文の事象の時間指示が複合的になされているわけである。

- 「もう十年も逢っていないが、今日の夕方、エフィーが来ることは、わしはちゃんと分かってたんだ。日本人の亭主とね」(中略)
「どうして？どうして私が来ることを知ってたの。私、びっくりさせようと思ってしらせなかったのに」　　　　　　（海辺の扉）

「当日、前日、翌日」のような時間副詞は、発話行為時を基準点としない点では〈相対的テンス〉と共通しているが、次の例が示すように、〈前文〉が表す事象が基準点になる〈アナフォリックな時間指示〉である点で、相対的テンスとは異なる。

- 「長瀬道雄という男性と逢ったのは、西ドイツのレーゲンスブルクでしたのよ。そのあくる日に、彼が自殺するつもりだってことを知りましたの」　　　　　　　　　　　　　　　　　　　　　（ドナウの旅人）

テンス形式の〈相対的テンス〉用法は、複文における〈主文の事象時〉が基準点になるが、時間副詞では、「その」が共起していることからもわかるように〈前文の事象時〉が基準点になる。したがって、この文は、テンス形式「知りました」は発話行為時を基準点とし、「そのあくる日」は前文の事象時を基準点とする〈複合的な時間指示〉になっている。
　次の例も同様である。テンス形式「お支払いします」は〈発話行為時以後〉を表し、時間副詞「後日」は、前文の事象時を基準点とする時間指示の特定化を行っている。

- 航空券はご自身でご購入ください。後日、米ドルにて現金でお支払いします。　　　　　　　　　　　　　　　　　　　　　（楽園のカンヴァス）

ここで、重要なことは、このような〈アナフォリックな時間指示〉はテンス形式では担えないということである。

（6）なお、テンポラリティーの表現手段には、テンスと時間副詞以外に、次のような時間状況の従属複文もある。タクシス（時間的順序性）等いくつかの考慮すべき問題があるため、時間状況の従属複文はいったん対象外とする。

- ここに来る時に、先生に会いました。

- ここに来る前に、先生に会いました。
- ここに来た後で、先生に会いました。

　本章では、a)「その前に」のような場合は対象とする一方、b)「死ぬ3日前に」のような場合は対象外になるのだが、b)の場合、「その3日前に」ということもできることから、両者は連続ではある。この問題も今後の課題としておきたい。

a)・「理研に行く用事がありますので、その前に立ち寄ります」
　　　　　　　　　　　　　　　　　　　　　　　　　（小説・吉田茂）
b)・「そう、小石川の療養所に入っていて肺病で死んだんだけど、死ぬ3日前に、生きている間、なんにも世の中のお役に立つこともしなかったから解剖して下さい、と言ったそうよ」　　　　　　　　（花埋み）

　また、「月曜日、春」のように名詞性の強い形式も、「今に、さっき」のように副詞性の強い形式もある。名詞か副詞かは連続的であることから、ここでは、どちらも〈状況語〉として機能するという構文的機能を重視して区別しないで扱う。名詞性が強いという言い方をしたのは、「来年に期待する、春を待つ」のように〈補語〉になりうる一方、すでに指摘されているように「来年、1年生になる」「朝、散歩をした」のように、典型的な名詞とは違って、単独(ゼロ格)で〈状況語〉として機能するからである。本章では、時間副詞という言い方をしているが、厳密な品詞論的考察については今後の課題である。

　時間副詞では、指示詞としての〈コ〉系形式か〈ソ〉系形式か、あるいは〈ア〉系形式かも重要になるため、分析の対象に含めて考察する。次のように、〈コ〉系形式では〈発話行為時〉が基準点になり、〈ソ〉系形式では、〈前文の事象時〉が基準点になる。

- 「もう本郷で校舎の建築にかかっています。この秋には開校です」
　　　　　　　　　　　　　　　　　　　　　　　　　（花埋み）

- 「おい、奴等が来たのは金曜日だったな」
  「そうよ。金曜日の昼だったわ」
  「その前の日の木曜日、俺はちょっと新宿まで用がありでかけた。そのとき、新宿駅で黒にあったのさ。（後略）」
  　　　　　　　　　　　　　　　　　　　　　　　　　　（冬の旅）

〈ア〉系形式は〈話し手の過去の体験時〉を示す。

- 「関東大震災のとき、私は浅草におりまして、あのときは死ぬかと思いました」　　　　　　　　　　　　　　　　　　　（森のなかの海）

したがって、次のような〈伝聞〉の場合は、〈ソ〉系形式であって、〈ア〉系形式は使用できない。この点は既に指摘されているが、さらにモーダルな意味も複合化されるため、〈ア〉系形式については、第 2 章で考察する。

- 「その板前が、死んだ山岡健次さんと気が合ってたんですね。山岡さんが亡くなる 1 か月くらい前に、ふたりきりで飲んだ。そのとき、山岡さんは、ぞっとするような話を、ぽつりぽつりと彼に聞かせたそうです」　　　　　　　　　　　　　　　　　　　　（花の降る午後）
- 「マドンナがメイド服着ているのもさ、ある時、ずっと笑わないゲストがいて、なんとかその人を最後に笑わせようって話になって、スタッフが仮装大会を企画したんだって。その時にマドンナはメイド服を着て、被り物をして出たらしいんだけど、それを見て、笑ってくれたんだって。それ以来、メイド服を着続けているらしいんだ」
  　　　　　　　　　　　　　　　　　　　　　　　　（ライオンのおやつ）

（7）工藤 1995 で述べたように、小説の地の文を典型とする〈かたり〉では、テンス形式、時間副詞ともに〈話し手（書き手）による発話行為時〉が基準とはならない。〈かたり〉のテクストでは、時間指示のあり方が変わってしまうのである。

　以下の最初の例の「待つ」は前文の事象時以後であることを示している。

2番目の例の「今」のような使用も〈はなしあい〉には無い。

- その夜、私たちは宵のうちから、銀座裏の小さな旅館にとまった。繁華街のロケなので、人通りのとだえる午前2時になるまで待つのである。　　　　　　　　　　　　　　　　　　（砂糖菓子の壊れるとき）
- いま登美子は緊張し、押し黙って、命がけで滑っていた。（中略）賢一郎は彼女のななめうしろにいてそれを見守りながら、今はこの女を愛していた。　　　　　　　　　　　　　　　　　　　（青春の蹉跌）

次の2例では、それぞれ「前夜（の雨で）」「昨晩（降った）」に言い換えても時間指示は変わらないが、このようなことも〈はなしあい〉では起こらない。

- 人々は昨夜の雨でぬかるんだ車道を急いで渡り、石畳を敷いた歩道を列をなして流れていった。　　　（王妃マリー・アントワネット）
- 日曜日がやってきました。前の晩に降った雪が、アパルトマンの中庭を、こんもりと白く染め上げていました。　　（楽園のカンヴァス）

したがって、以下、〈はなしあい〉に限定して考察する。

4. 時間指示の特定化からみた時間副詞のタイプ

（1）時間副詞には様々な形式が所属しているが、大きくは、次のような3つのタイプがあることが工藤浩1985、仁田2002において指摘されている。代表的な形式をあげておく。

　　α　発話行為時が基準点となる形式
　　　　　今、今日、来週、昨日、昨夜、去年、さっき、今に、今後
　　β　発話行為時以外が基準点となる形式
　　　　　当日、翌日、翌週、前日、前夜、前年

γ 暦的(社会文化的)な時間
　　2000年、令和5年、3月、日曜日、朝、春、正月

　本章での考察は、時間副詞自体ではなく、発話としての文における〈時間指示の特定化〉という観点からみた時間副詞の機能のし方である。
　大きくは、次のように、基準点が、発話行為時であるか、事象時であるか、どちらもありうるかの3つのタイプに分かれると思われる。なお、「2000年、令和5年」のような固定的な年号を表す形式はこのどれにも所属しない。

A　発話行為時が基準点となる形式(ダイクティックな時間指示)
　　今、今日、来週、昨夜、去年、さっき、今に、今後、(もうすぐ、もうじき)
　　この前、この間(こないだ)、この後
B　事象時が基準点となる形式(アナフォリックな時間指示)
　　当日、翌週、前夜、前年、直前、直後
　　その時、当日、その頃、その前、その後
C　両方が基準点となりうる形式
　　①〈周期的〉日曜日、朝、3月、春、年末、正月
　　②前に、以前、後で、以後

以下、A、B、Cの分類について述べる。

(2) テンス形式とは違って、時間副詞では、発話行為時が基準点となるA〈ダイクティックな(絶対的)時間副詞〉と、B〈相対的時間副詞〉が分化している。このような分化は、「この前—その前」「この後—その後」のように、〈コ〉系形式か〈ソ〉系形式かでも明示される。「この後」の場合は、「この後、どうしたの？」とは言えないが、「その後」の場合は、「その後、どうするの？」「その後、どうしたの？」どちらも可能である。

　●この後、どうするの？

- その後、どうする(した)の？

　ただし、「今」「今日」「今晩」「今夜」「今朝」があるため、「この時」「この日」「この晩」「この夜」「この朝」は、〈はなしあい〉では基本的に使用されない(後述)。一方、「その日」「その時」等は前文(この場合は従属節)の事象時を基準点として使用される。

- 「いつから行くの？」
  「工場が休みになったら、その晩に出発だ」　　　　　　（僕たちの失敗）

(3) C形式①は暦的(社会文化的)時間を表すが、「2000年、令和5年」のような固定的な年号を表す形式を除き、〈周期的〉である。実際の使用では、多くの場合、次の例のように〈発話行為時〉が基準点となる。

〈発話行為時を含む今日の夜(今夜)〉
- 「お袋には電話しといた。当分、おれの実家にいろよ。夜、電話する」
　　　　　　　　　　　　　　　　　　　　　　　　　（森のなかの海）

〈発話行為時を含む週の土曜日、発話行為時に近い今度の土曜日〉
- 「今朝、希代子さんへ連絡したよ」
  「はい」
  「驚いてはいたが、冷静だったよ。土曜日にこっちへ出て来るそうだ」
　　　　　　　　　　　　　　　　　　　　　　　　　（霧の子午線）

〈発話行為時を含む月の18日、発話行為時に近い18日〉
- 「私たちが旅行を中止して日本に帰ったからって、何がどうなるわけでもないけど、やっぱり、私たちは帰るわ。もう決めちゃって、いま荷造りをしているの。日本時間で18日の5時に成田に着くわ」
　　　　　　　　　　　　　　　　　　　　　　　　　（森のなかの海）

　以下の下線部分のように、「きょうの昼過ぎ」等の合成的なかたちで、時間指示の特定化を明示する場合も多い。

- 「きょうの昼過ぎ、あの痣の男が死んだんだ。首を吊ってね。(後略)」
 　　　　　　　　　　　　　　　　　　　　　　　　　　(愉悦の園)
- 本日午後1時15分、国会本会議にて、小早川内閣不信任決議案が提出されました。しかし、小早川内閣は、この不信任決議案の投票をまえに、解散をしたのです。　　　　(本日は、お日柄もよく)
- 「おい、どら息子。こんどの土曜日にボルボでどこかへ行こうか」
 　　　　　　　　　　　　　　　　　　　　　　　　　　(冬の旅)
- 「さようなら。また来週の土曜日に来ます」　　　　　(人間の鎖)
- 「明日の夜に正式にお返事します。それでよろしいでしょうか」
 　　　　　　　　　　　　　　　　　　　　　　　　　(森のなかの海)
- 「では、明日の夕方5時に、きみの帰りを待っているよ」　(冬の旅)
- 「はい。来年の春に刊行できるはずです」　　　　　　(舟を編む)
- 「それで、あなた、ことしはきょうがはじめてなの?」
 「先週の土曜日に来ましたよ。命日でしたからね」　　(冬の旅)

次の場合では、「この」が無くても、発話行為時を含む年の秋、暮れであることが理解できるが、「この」をつけることによって明示することになる。

- 「わたしはこの秋には40歳になるの」
 「僕は来年で19歳です」　　　　　　　　　　　　　　(東京青年)
- 「元気すぎるくらいです。夏にフランスに行ってきたのですが、またこの暮れに行くんですって。ハリキリママです」　　(星と祭)

以上の例はすべてダイクティックな時間指示の特定化であるが、「翌日の夜」「翌年の春」「その夜」のような場合では、アナフォリックな時間指示の特定化になる。

重要なことは、周期的な暦的時間を表す形式は、A形式かB形式との組み合わせによる時間指示になることである。

ただし、次のような文脈での使用もありうる。

- 「その日は特にトラブルらしきことは発生していませんね。平日で、大きなイベントが行われたという記録もありません」
 「翌日はどうですか」
 「18日も調べましたが、何も起きていません」
 (マスカレード・ホテル)

なお、A形式との関係では、Fillmore 1997 でも指摘されているように、発話行為時を基準とする A 形式の使用が C 形式より優先される。発話行為時が水曜日である場合、「水曜日に行くよ」とは言えず、「今日行くよ」と言わなければならない。同様に、発話行為時が水曜日である場合、「木曜日に行くよ」と言えば、今週の木曜日のことではなくなる。ただし、次のような念の入れ方は可能である。

- 「とても興味をしめして、あさって―月曜日に、大学の人たちと調査にくるそうです。(後略)」 (青い宇宙の冒険)

(4) C 形式②の「前に、以前」「後で、以後」のような形式は、文脈次第で〈発話行為時〉が基準点となったり〈前文の事象時〉が基準点となったりする。〈前文の事象時〉が基準点になる場合は〈ソ〉系形式をつけることが多いが、常にではない。

〈ダイクティックな時間指示〉
- 「東中野をおりて直ぐのところだ。あとで地図を描いてやるよ」
 (冬の旅)
- 「以前、俺はアメリカに行って試合をしたかったんだよね」
 (一瞬の夏)
- 「君は、前に、兄さんの弁護のことを大塚さんに必死に頼んだね？」
 (霧の旗)
- 「1 時間ほど前、これがおれのところにまわってきた。まだ見ていないか？」
 (日本沈没)

〈アナフォリックな時間指示〉
- 「いいかい、明日、仕事場に入ったら、監督のすきをみて、それぞれ刃物を一本、窓から裏の草原におとすんだ。俺も鑢を落とす。それを<u>後で</u>拾いに行くんだ」　　　　　　　　　　　　　　（冬の旅）
- 「酔っぱらってたんだ…」と小野寺は笑った。
  玲子はちょっと彼の背中を抓った。
  「<u>あとで</u>——とても恥ずかしくなったわ。（後略）」　　　（日本沈没）
- 「その人、3年後にまた逢おうって言ったんだ」
  と博史は説明した。
  「<u>3年後</u>、その人はほんとにまた俺の勤めている店に来たんだ。そのとき、もう2年、イタリア料理を勉強しろって言われた。（後略）」
  　　　　　　　　　　　　　　　（ここに地終わり海始まる）
- 「結核だって診断されたときは、狐につままれたみたいだったわ。だって<u>10日前</u>に、テニスのトーナメントに出て、2日で4試合もやって優勝したのよ」　　　　　　　　　　（ここに地終わり海始まる）

（5）世界の諸言語の中には、発話行為時からの時間的距離の違い（degrees of remoteness あるいは temporal distance）を表し分けるテンス形式があることが知られているが、現代日本語のテンス形式はこのような違いは文法化されていない。この違いを表すのは、時間副詞である。「少し前に、少し後に」「ずっと前に、ずっと後に」のようなかたちで時間的距離を表す。次の例の「随分前に」は、発話行為時からの時間的距離が大であることを示している。また、「たった今」「つい先日」「ほんの1時間前に」のように、過去に限定されるが、話し手の評価と複合化される場合もある。

- 「いいみたいっすよ。でも、この犬、僕のじゃないっす。<u>随分前に</u>ここで亡くなった人が飼っていた犬を、飼い主なき後もみんなで面倒見ているみたいで」　　　　　　　　　　　（ライオンのおやつ）
- 「<u>たったいま</u>、和歌子さんが見えたの」　　　　　（霧の子午線）
- その言葉を待っていたかのように、おばさんはカウンターに両肘をつ

き、身を乗り出した。
「それがねえ、ついこの間、刑事が来たのよ」　　　　　　（人間の鎖）

なお、「いつか」「そのうちに」のように、個別具体的な事象の実現時が特定化できないことを示す形式もある。

（6）以上より、発話としての文のテンポラリティーでは、マクロにみて、次の2つのパターンが重要になる。

① 発話行為時が基準点となる〈ダイクティックな時間指示〉とその特定化
　この場合は、テンス形式が抽象的な時間指示を行い、それを基盤にして、時間副詞がその特定化を行う。
② ダイクティックな時間指示と〈アナフォリックな時間指示〉の複合化
　この場合は、テンス形式が発話行為時が基準点となる抽象的な時間指示を行い、時間副詞が、前文の事象時を基準点とする〈アナフォリックな時間指示〉の特定化を行う。

以下、①、②の順に考察する。

5.　ダイクティックな時間指示とその特定化

（1）テンス形式は、上述したように、抽象的なかたちでの時間指示を行う。非動的な事象（スタティックな事象）は〈発話行為時以前―同時・以後〉の対立となるが、動的事象の場合は、シテイル形式が〈発話行為時との同時性〉を表すことにより、次のようになる。

	発話行為時	
以前	同時	以後
いた	いる	いる
歩いた		歩く
歩いていた	歩いている	歩いている

　時間指示の特定化・具体化を行うダイクティックな時間副詞については、次のようになる。A-2 の形式は過去形と共起し、A-3 の形式は非過去形と共起するが、A-1 の形式については、後述するように〈発話行為時を含む時間〉である点が重要である。「現在、目下、今のところ、今や」を除き、過去形とも共起できる。

A-1　発話行為時を含む　：今、今日(本日)、今朝、今夜(今晩、今宵)、
　　　時間　　　　　　　　今週、今月、今年(本年)
　　　　　　　　　　　　　現在、目下、今のところ、今や

A-2　発話行為時を含む　：昨日、ゆうべ(昨夜、昨晩)、おととい(一昨日)、
　　　時間以前　　　　　　先週、先月、去年、おととし(一昨年)、昨春
　　　　　　　　　　　　　いましがた、さっき(さきほど)、かつて、昔、
　　　　　　　　　　　　　この前、こないだ(この間)

A-3　発話行為時を含む　：明日、明朝、明晩、あさって(明後日)
　　　時間以後　　　　　　来週、さ来週、来月、来年、さ来年、来春
　　　　　　　　　　　　　今に、のちほど、もうすぐ(もうじき)、今後、
　　　　　　　　　　　　　近々、この後、これから

　以下、A-1、A-2、A-3 の順に述べる。

　(2) A-1 の〈発話行為時を含む時間〉を特定化する時間副詞の代表形式は

「今」であろう。発話行為時を含む時間には幅があることから、次のように、プラグマティックな要因が関わる。最後の例の「今」は、「このごろ」に言い換えることができるほど時間幅が広い。

- 「いま、なんじですか」
  「5 時 10 分だ」　　　　　　　　　　　　　　　　　（冬の旅）
- 「わかった。今、車のなかで待っているから、つれて来るよ」
  　　　　　　　　　　　　　　　　　　　　　　　（ライオンのおやつ）
- 「今、おいくつになられたんですか」
  「25 歳」　　　　　　　　　　　　　　　　　　　（ライオンのおやつ）
- 「そうね。急いでこしらえた方がいいわね。どのくらいするかしら」
  「いま高くなったよ。このあいだ友達が造ったのが四万円って言ったな」　　　　　　　　　　　　　　　　　　　　　　　（青春の蹉跌）

そして、過去形のテンス形式とも非過去形のテンス形式や命令形とも共起でき、〈直前〉〈直後〉を表す。

- 今、行ったよ。　　　　　　　　〈直前〉
- 今、行くよ。／今、行きなさい。〈直後〉

「今日」もまた発話行為時を含む一日を表すため、「今日行く」とも「今日行った」とも言える。どちらであれ、一日中行くわけではないとすれば、〈暦的時間〉を表す形式と組み合わせて「今日の午後」「今日の夕方 5 時半」のようにさらに特定化することも必要になる。

　発話行為時を含む時間を表す形式には、「今ごろ、今さら、今どき」のように話し手の評価・感情を伴う形式もある。「今ごろ」については、次の第 2 章で述べる。

- 「康子って女、お母さんどう思う？」
  「いまさら、何を言ってるの」と母は腹立たしそうな言い方をした。

（青春の蹉跌）

- 「お前にはわからん。今ごろ言ってくるよりも、引越し最中に言ってきてくれた方が、どれほど役立ったかしれない。（後略）」　（砂の器）

（3）A-2 の〈発話行為時を含む時間以前〉を特定化する時間副詞は、過去形と共起する（なお、「最近」という形式は、個別具体的な事象では「最近、来た」のように過去形に限定されるが、「最近、来る」では〈発話行為時を含む時間における反復習慣〉になる）。

そして、さらなる時間の特定化を行うためには、次のように、暦的時間を表す形式と組み合わせた合成的な形式を使用する。

- 「この電報が届いたのは 8 時だ。戸塚警察署に電話で問い合わせたら、昨日の午後、トラックに跳ねられて亡くなったそうだ」（冬の旅）

また、「たった今、つい先日、ほんの 1 時間前に」のように、時間的距離の近さを話し手が主観的に評価して表す合成的な形式もある。

工藤 2014 で述べたように、話し手の評価・感情が前面に出る場合に、〈発話行為時以前〉の事象であっても、スル形式（非過去形）が使用される場合がある。このような場合でも、時間副詞の方で時間指示ができる。

- 「血のめぐりの悪いくせに怒ってんのよ。このあいだお座敷に来て、いやというほどつねるのよ」　　　　　　　　　　　（点と線）

（4）A-3 の〈発話行為時を含む時間以後〉を特定化する時間副詞は、テンス形式の非過去形や命令形あるいは決意・勧誘形と共起する。発話行為時を含む 1 日以後である「明日」のすべての時間において「とりにくる」わけではないとすれば「明日の午後」というさらなる特定化が必要になる。正確さが必要なら「明日の午後 3 時に」といった特定化もできる。

- 「わかった。車は明日の午後、このレコード会社のスタジオにとりに

きたまえ。(後略)」　　　　　　　　　　　　　　　（四季・布由子）

なお、「そういえば、明日は約束があった」のような場合では、時間副詞が〈発話行為時以後〉を表し、テンス形式の方はモーダルな意味になると言えよう。

(5) 発話行為時を基準点とする A 形式全体に共通する特徴の 1 つは、〈コ〉系形式になる点である。

この春、この 3 月に／この間(こないだ)、この前／この後、これから

〈発話行為時以後〉
- 「このあとすぐ、首相は議会を中座して、今度はテレビ、ラジオで直接国民に訴えるらしい……」　　　　　　　　　　　（日本沈没）

〈発話行為時以前〉
- 「そうね。急いでこしらえた方がいいわね。どのくらいするかしら」
「いま高くなったよ。このあいだ友達が造ったのが四万円って言ったな」　　　　　　　　　　　　　　　　　　　　　（青春の蹉跌）

〈発話行為時を含む月の最後〉
- 「この月末に、仮退院と決まりました」　　　　　　　（冬の旅）

〈発話行為時に近い 12 日〉
- 「この 12 日に、東京で第一声を放つことになっている」
　　　　　　　　　　　　　　　　　　　　　　　　（小説・吉田茂）

ただし、上述したように、「このとき」「この日」等は例外になる。次のように、前文の事象時を基準とするアナフォリックな時間指示になるが、〈はなしあい〉では「そのとき」の使用が普通であり、このような使用は稀である[1]。

- 「もう 1 つは、この辺一帯に火事がありましてね。このときも、三木

さんは身を挺して火の燃える家屋に飛びこみ、赤ン坊を救い出しました。(後略)」 　　　　　　　　　　　　　　　　　　(砂の器)

そして、〈はなしあい〉では、「この日」「このとき」は、次のような特別なフレーズに限定されると思われる。

- 「どう？これであなたにも、なぜ自分がこんな目に遭わなきゃいけないのかがわかったでしょう？<u>この日のために</u>あたしは、完璧な準備を整えてきた。(後略)」 　　　　　　　　　　　　　(マスカレード・ホテル)
- 「本日、ここ××駅前にお集まりの皆さん、そしてテレビ中継を通して全国でこの場面をご覧になっている皆さん。全日本国民の皆さん。ようやく、<u>このときが</u>やってまいりました。こうして、国民の皆さんに呼びかけるこの瞬間を、どれほど待ちわびていたことでしょうか。(後略)」 　　　　　　　　　　　　　　　(本日は、お日柄もよく)

(6) すでに指摘されているように、発話行為時を基準とする形式は、基本的に、ゼロ格で使用される。「明日行く」「去年行った」とは言えても「明日に行く」「去年に行った」とは言えない(「今に」は一語化している)。ただし、次のような場合はある。

- 「吉岡弥生さんという方が東京女子医学校を創りました。<u>来年には</u>日本女子大学ができます」 　　　　　　　　　　　　　　　　(花埋み)

6. ダイクティックな時間指示とアナフォリックな時間指示の複合化

(1) 以上は、テンス形式のダイクティックな時間指示に加えて、時間副詞が〈発話行為時〉を基準点とする時間指示の特定化を行う場合であった。もう1つのタイプは、テンス形式が発話行為時を基準点とする抽象的な時間指示を行い、時間副詞の方は、前文(従属節を含む)の事象時を基準点とするア

ナフォリックな時間指示の特定化を行う場合である。
　上述のダイクティックな時間副詞と同様に、以下に示すような3つのタイプがある。

　B-1　事象時を含む時間
　　　　　当日、その時、その日、その朝、その晩、その年、その頃
　B-2　事象時を含む時間以前
　　　　　前日、前夜、前年、その前に、その直前
　B-3　事象時を含む時間以後
　　　　　翌日(あくる日)、翌朝(あくる朝)、翌年、その後、その直後

（2）3つのタイプのどれであっても、テンス形式は、過去形でも非過去形でもよい。基準点が発話行為時ではないため、B-2、B-3のようなタイプであっても過去形、非過去形との共起が可能である。そして、発話行為時を基準とするダイクティックな形式と違い、〈ソ〉系形式になる。
　重要なことは、これらの形式は、以下の例の破線で示したような、前文（従属節であってもよい）で示される事象時を基準点とする〈アナフォリックな時間指示〉である点にあり、文脈的に2つの事象の時間関係を示すのである。〈ソ〉系形式の使用もこの点と相関している。
　以下、①②③に分けて例示するが、上述の点で共通している。

①テンス形式が発話行為時以後あるいは以前を指示し、B-1形式が前文の事象時を含む時間であることを特定化する場合。

- 「式場や披露宴会場の周辺は、少数精鋭でいくしかなさそうだな」（中略）
「当日、俺はどこにいればいいでしょうか」（マスカレード・ホテル）
- 「私はあと1時間で出掛けるわ。そのとき、あなたを送ってあげる」
（愉楽の園）
- 「それに、もしかして嫌なことやつらいことが出てきたら、その時、

- 「考えて修正すればいいじゃん」 （そして、バトンは渡された）
- 「僕が帰ってきたら、母さんをつれて北海道にいらっしゃるでしょう」
「いや、それがな、行けないのだ。その頃には大阪に行かねばならないし、秋には京都につれて行ってやろう、ということで、北海道行はかんべんしてもらったよ」 （冬の旅）
- 「私も代々木駅のホームをとび下りたとき、突然浮かんできたの、希代子と新一郎さんの姿が」
「‥‥ジェラシー、感じた？そのとき」
「感じた」 （霧の子午線）
- 「それでは、どこで見かけたのですか？」
「改札を出て、私の家の方に歩いてゆくときです。その晩私は博多で飲んで少し酔っていましたから、歩く速度が遅かったのです。（後略）」 （点と線）

② テンス形式が発話行為時以後あるいは以前を指示し、B-2形式が前文の事象時を含む時間以前であることを特定化する場合。

- 「私と冬彦くんとは、京都からいっしょに神戸へいくことになると思う」
「僕は東京から直行する」
「前日に到着して、神戸に一泊かしら」 （東京青年）
- 「近いうちに、弁護士が桑原明子さんに逢いに行くだろう。でも、その前に、猛司くんと話をしといたほうがいいと思う」（森のなかの海）
- 「だって、フランクフルトに遊びに来たんなら、その前にちゃんと私にしらせてくれる筈じゃないの」
「うん、そうなの。何かあったのよ」 （ドナウの旅人）
- ―25日に帰るときは、Ｉカウンセラーは、Ｋ医師にこういうところに入れておいてはいけないと言ったのですね。
はい、前日夜遅くまでＫ先生とそういうことについて話し合ったということを、Ｉ先生から伺いました。 （精神科医との対話）

③テンス形式が発話行為時以後あるいは以前を指示し、B-3形式が前文の事象時を含む時間以後であることを特定化する場合。

- 「君は何べん言っても解らんのだな。産みたい気持ちは解るが、産んだらその後はどうなるんだ。(後略)」　　　　　　　　　　（青春の蹉跌）
- 「去年のことですが、一人の少年が退院するとき、暴力団が車をつらねて引き取りにきたことがありました。もちろん、彼等には渡しませんでしたが、あくる日、少年の母親が来て少年をつれて帰りましたが、結局その少年は暴力団に戻って行ったようでした」　　（冬の旅）
- 「(前略)会ってみると、それほど急を要する要件でもなかったのです」
「え？ほんとうですか？」
「ほんとうです。それは、翌日、安田さんが店に来て話しても、ゆっくりまにあうことでした。それで、そのとき、私も内心で変だなと思ったことでした」　　　　　　　　　　　　　　　　　　　（点と線）
- 「で、果物は買いましたか？」
「買いませんでした。そのまま、さっさと西鉄香椎駅の方へ行く通りを歩いて姿が消えたものですから、がっかりしましたよ。ところが、その翌朝があの騒ぎでしょう。私は、もしやあの二人が心中したのではないかと思いましたから、それはよくおぼえています」　（点と線）
- 「お父さんが病気なの。破産したでしょう。そのあと、何だか苦労したらしいのね。１週間ほど前からずっと寝ているんです」
　　　　　　　　　　　　　　　　　　　　　　　　　　（青春の蹉跌）

次のように、前文との連続性がない場合は「対局の翌日」といういい方にもなる。

- 「その対局はいつでしたか」
「昨年十月の六七日です」
「さっそく調査して御返事しましょう」
翌日、電話で返事がとどいた。

「茶店のオヤジサンは対局の翌日病死しておりますね」（桂馬の幻想）

7. おわりに

以上をまとめると次のようになる。

1) 言語活動の基本的単位は〈発話としての文〉である。文が表す事象の時間指示は、文法化されたテンス形式だけが担うのではない。我々の言語活動から言って、〈時間指示の特定化〉が必要であり、この機能は、時間副詞が担う。テンスの無い言語はあっても時間副詞のない言語は無い。この意味で、時間副詞は文のテンポラリティーの表現手段として重要な機能を担っている。したがって、文のテンポラリティーにおいて、テンスと時間副詞がどのように協働しているかを明らかにする必要がある。

2) 様々なタイプの言語活動がありうるが、基本的なのは〈はなしあい〉である。〈はなしあい〉という言語活動では、〈私・今・ここ〉という〈発話主体の発話行為の場面〉と、他の文との関係づけという〈文脈〉とが生きて働く。はなしあいにおける文のテンポラリティーでは、このような、場面と文脈両方への関係づけが重要になる。一方、はなしあいとは異なる言語活動では、〈私・今・ここ〉という発話主体の発話行為の場面との直接的な関係は無くなってくる。文の実際的使用という観点は、言語活動のタイプの違いと連動しているのである。

3) テンスは基本的に〈話し手の発話行為時〉を基準とするダイクティックで抽象的な時間指示の機能を担う。そして、時間指示の特定化を行う時間副詞であっても、基本的な形式は、発話行為時基準の時間副詞である。この事実は、発話としての文のテンポラリティーの本質的特徴が〈発話行為時〉との関係づけであることを示す。話し手のその都度の〈発話行為〉が実現しなければ（実践されなければ）、文が表す事象の時間指

示ができないという点で、〈発話としての文〉の特性が前面化する。時間のダイクシスは、話し手による実際的使用を視野に入れるプラグマティクスの領域でもある。

4) 時間副詞では、発話行為時を基準点とするダイクティックなものと、他の事象時を基準点とする指示を担うものが分化している。そして、テンス形式では担えない、前文(文脈)への関係づけ(指向性)という重要な機能を担っている。ここでは、テンス形式と時間副詞が〈時間指示〉の機能を分担し補充しあうことによって、発話場面と文脈の両方に関係づけられた〈複合的な時間指示〉の特定化ができることになる。

5) 世界の諸言語のなかには、発話行為時からの時間的距離を表し分けるテンス形式が分化している言語があることが知られているが、現代日本語(標準語)では、そのような文法化は無い。これらは、時間副詞が個別的に表し分ける。

6) 文法化されたテンスでは、抽象化されたかたちでしか時間指示ができないが、使用の義務性という点では重要である。そして、個別・具体的な時間指示については、必要に応じて、時間副詞が表し分ける。抽象的な時間指示と個別・具体的な時間指示の複合性こそが、発話としての文のテンポラリティーの実相である。

　以上、最も基本的な言語活動である〈はなしあい〉における、発話としての文のテンポラリティーについて述べた。
　次の第2章では、〈はなしあい〉においては、発話行為時を基準点とするダイクティックなテンポラリティーがモーダルな意味と複合化される場合があることを述べる。続く第3章では、話し手の発話行為の場への指向性がない〈かたり〉のテクストにおける複数の事象の関係づけについて述べる。
　この第1章は、続く章にとっての出発点的位置づけになっている点に留意されたい。

なお、ここでは、「今まで、今日まで、これまで、昨日まで」「今日から、昨日から」「1年の間」「一日中」のような〈時間量〉との複合性を表す形式については分析していない。また、現代日本語（標準語）には、〈反復習慣〉を表す文法化された形式は無く、「ときどき、毎日、毎年、いつでも」のような時間副詞が明示する。文のアスペクチュアリティーの分析、テンポラリティーとアスペクチュアリティーの複合化の様相、あるいは時間的限定性との複合化の様相の具体的な分析は今後の課題である。

注

1　これらの形式は、小説の地の文で使用され、〈ソ〉系形式に言い換えることができる。どちらになるかは〈語り手の視点〉がかかわると言えよう。

- 吉田は、12月28日、東京に帰った。
  このころ、吉田に見合いの話がもちあがった。　　　　　（小説・吉田茂）
- 黒は、利兵衛をおだてた。
  このとき行助がみんなから離れて立ち上がった。　　　　　（冬の旅）
- 雪の上で昏倒していた吟子が通行人に見いだされ近くの病院に運び込まれたのは、この30分後であった。（中略）
  体力に自信を失った吟子は、この年の春、東京に戻ったが、7年後の大正2年5月23日、本所小梅町の仮棲まいでトミ一人に看取られて死んだ。　　（花埋み）
- 吉田は5月18日、シルクハットを右手に持ち、外務大臣官邸の玄関を出た。
  この3日間降り続いていた鬱陶しい雨も、この日は上がっていた。
  　　　　　　　　　　　　　　　　　　　　　　　　　　（小説・吉田茂）

第2章
ダイクティックな時間指示と
モーダルな意味の複合性

1. はじめに

　第1章において、発話としての文のテンポラリティーは、話し手の発話行為時が基準点となる時間指示の特定化の場合と、発話行為時とともに前文の事象時が基準点になる複合的な時間指示の場合があることを述べた。

　この章では、〈はなしあい〉における発話としての文では、ダイクティックな時間指示（テンポラルな意味）にくわえて、話し手の体験性や評価・感情といったモーダルな意味が複合化される場合があることを述べる。

　過去形が〈発見〉〈想起〉といったモーダルな意味を表すことは早くから指摘されているところだが、テンス形式がモーダルな意味を表す場合については工藤2014でも記述した。以下で考察するのは、「あの時」「今ごろ」を伴う文における、ダイクティックな時間指示（テンポラルな意味）とモーダルな意味の複合性である。

　まず、次の「あのとき」（以下、「あの時」という表記で示すことにする）を伴う文には、〈発話行為時以前（過去）〉というテンポラルな意味だけではなく、それが〈話し手の体験時〉であるというエビデンシャル的な意味、そして、その事象への〈話し手の評価・感情〉というモーダルな意味もあわせて表現されている。

- 「関東大震災のとき、私は浅草におりまして、あのときは死ぬかと思いました」
（森のなかの海）

次の「今頃、今ごろ」（以下「今ごろ」という表記で示すことにする）を伴う文では、〈発話行為時を含む時間〉を指示しているのであるが、「今」は使用できず、やはり話し手の〈評価・感情〉というモーダルな意味が複合化されている。

- 「なら、何の火だい、今頃、あんな場所に、あんなに沢山火が並ぶかい」　　　　　　　　　　　　　　　　　　　　（あすなろ物語）
- 「加藤君じゃあないか」（中略）
　「やはり加藤君だね。今ごろどうしたのだ」　　　　　（孤高の人）

前者の例については、阪田1971において、次の指摘がある。この指摘は、テンポラルな意味だけではなく、話し手の〈評価・感情を伴う回顧性〉というモーダルな意味も複合化されているということを示している。また、「今ごろ」については、田窪・笹栗2001の先駆的研究がある。

> 多く過去を思い出して語るような場合に使われ、事態を客観的にながめるという立場にたつというよりは、思い出をなつかしむ感情、あるいは逆に忘れがたい忌まわしい思い出として主観性の色合いを重加するところにその特徴がある。　　　　　　　　　　　　（阪田1971）

「あの時」を伴う文であれ、「今ごろ」を伴う文であれ、どちらにおいても、第1章で述べた「その時」あるいは「今」のようなシンプルな時間指示ではなく、モーダルな意味が複合化されている点で共通していると思われる。話し手が、自らの立場から事象の時間を認知し意味づけるとすれば、テンポラルな意味とモーダルな意味の複合性があっても不思議ではないと思われる。

2. 話し手の過去の体験への評価・感情と複合化された時間指示

(1)「あの時、あの頃、あの日」のような時間副詞を伴う文は、テンス形

式は過去形に限定され、かつ〈話し手の体験性〉を明示する[1]。

- 「私、どうかしてたのね。あのころ、何か凄くいらいらしてたみたいな気がするわ。日本に帰りたくてたまらなかった。(後略)」
(ドナウの旅人)

したがって、a)〈発話行為時以後〉の場合や、b)〈発話行為時以前(過去)〉のことであっても伝聞のような話し手が体験していない場合には、「その時」のような〈ソ〉系形式であり、「あの時」のような〈ア〉系形式は使用できない。

a) 「私はあと1時間で出掛けるわ。そのとき、あなたを送ってあげる」
(愉悦の園)
b) 「その板前が、死んだ山岡健次さんと気が合ってたんですね。山岡さんが亡くなる1か月くらい前に、ふたりきりで飲んだ。そのとき、山岡さんは、ぞっとするような話を、ぽつりぽつりと彼に聞かせたそうです」
(花の降る午後)

また、〈話し手の過去の体験時〉であっても、客観的な時間指示の場合は、〈ソ〉系形式である。

- 「その人、3年後にまた逢おうって言ったんだ」
と博史は説明した。
「3年後、その人はほんとにまた俺の勤めている店に来たんだ。そのとき、もう2年、イタリア料理を勉強しろって言われた。(後略)」
(朝の歓び)
- 今度は百ちゃんのお母さんがみんなの前で説明する。
「治療の時、百が一度だけ、泣いたことがあります。それも、いかにも百らしいのですが、痛みや苦痛で泣いたのではなく、おなかが空いた、と言って大泣きしたんです。その時は、治療のために食事制限が

- 「出ていました。(後略)」　　　　　　　　　　　　（ライオンのおやつ）
- 「少し古いことですが、今年の 1 月 20 日から 22 日まで、あなたは東京にいらしたでしょうか？これは参考までにおたずねしたいのですが」(中略)
「ええと、1 月 20 日ですね」
安田は目をつむっていたが、引き出しの中から小型の手帳を出すと、ばらばらとめくって見た。
「わかりました。その日は北海道に出張しています」　　　（点と線）

したがって、〈ア〉系形式を伴う文には、〈話し手の過去の体験時〉という時間指示に加えて、モーダルな意味が加わっていると考えられる。

(2)〈話し手の過去の体験〉は、話し相手である聞き手も体験している場合と、話し手だけが体験している場合とがある。
　話し手だけの体験時である場合は、聞き手がいつのことか理解できるように、前文(従属節を含む)で具体的な時間指示を行っておくことが多い。

- 「関東大震災のとき、私は浅草におりまして、あのときは死ぬかと思いました」　　　　　　　　　　　　　　　　　　　　（森のなかの海）
- 「でも、一度だけ、すごく腹がたったことがある。大学生のときだ。いまでもはっきり覚えているくらいだから、よっぽど腹がたったんだろうな」
「へえ、どんなことがあったの」
「下宿生活でね。あのころは、日本もうんと貧しかった。(後略)」
　　　　　　　　　　　　　　　　　　　　（ここに地終わり海始まる）

　一方、話し手と聞き手の両方の体験である場合では、前文での具体的な時間指示は、あってもよい(最初の 3 例)し、なくてもよい(後の 2 例)。聞き手にとっての体験時でもあるからである。

- 「石段を上ったりおりたりしているうちにあなたと<u>十年前に会ったとき</u>のことを思い出しました」
  「<u>あのとき</u>私、大きな声をあげて泣いたかしら」
  「いや、しくしく泣いていました。赤い鼻緒の切れた下駄を片手にこう持って」　　　　　　　　　　　　　　　　　　　　（孤高の人）
- 「この前、足を捻った時、レントゲンを撮りにいったでしょう」
  「うん」
  「<u>あの時</u>廊下で看護婦さんと話している人がいたので見ていたら、事務の人が奥さん、奥さんって呼びに来たわ」
  「そんなことがあったのか」　　　　　　　　　　　　　　　（無影燈）
- 「わかるよ。<u>お前が去年、俺が有香の墓を探しているんだと言ったことがあるだろう。</u><u>あの時</u>、もうここに来るのはやめにしようと思ったんだ。俺はきっとまた有香の墓を探してしまうだろう。有香が死んだと考えたいわけじゃない。生きていてほしいと願っている。だけど、気が付くと無意識にそうしているんだ。…」　　　　　　（柔らかな頬）
- 「あの日本人の女は何者だ？」
  「知りません。ぼくも、<u>あの日</u>、初めて逢ったんです」　　（愉楽の園）
- 煙草に火をつけ、珈琲に砂糖を入れ、少し時間をおいてから、彼はつとめて静かな口調で訊いた。
  「<u>あれから</u>、どうしたね」
  「え？……」
  「お医者さんへ、行ってみたか」　　　　　　　　　　　　（青春の蹉跌）

　(3) 〈話し手だけの体験時〉であれ〈話し手と聞き手両方の体験時〉であれ、下に示すように、A〈話し手の回顧性〉、それに加えて、B〈(体験した事象に対する)話し手の評価・感情〉が前面化する。

　Aの場合では〈ソ〉系形式に言い換えることができそうな場合もあるが、話し手の〈評価・感情〉が前面化するBになると〈ソ〉系形式には言い換えられない。

A 〈話し手の回顧性〉〈話し手だけの体験時〉
- 「治療の時、百が一度だけ、泣いたことがあります。(中略)百の気をなんとかそらそうと思って、百は今、一番何が食べたいの？とたずねたら、百は真っ先にアップルパイと答えました。それは、ちょっと意外でした。私はてっきり、百はおにぎりを食べたいと答えるかと思ったのです。とにかく白いご飯が大好きでしたから。でも、百はアップルパイと答えました。今から振り返ると、あの時百は、よっぽど疲れていたというか、こたえていたのかもしれません」

（ライオンのおやつ）

- 「人生最後のおやつに何が食べたいかを考えた時、脳裏に浮かんだのは、あの、学生最後の貧乏旅行で食べたカヌレでした。最近は日本でもカヌレをみかけるようになりましたが、あの時食べたカヌレを超えるカヌレには、出合ったことがありません。」 （ライオンのおやつ）

〈話し手の回顧性〉〈話し手と聞き手の体験時〉
- 「じゃあ、どうして教えてくれなかったんですか。あの時、俺は係長に訊きましたよね。品川の特捜本部でそういう指示が出されているようだけど、どういうことですかって。係長は、それは単なる勘違いだとおっしゃいました。そうでしたよね」 （マスカレード・ホテル）
- 「そう言えば、ずいぶん前に楽器屋さんで早瀬君がピアノを弾くのを見たことがあった。アンパンマンの曲弾いていて、あの時、すごく楽しそうだったよ」私がそう言うと、「ああ、あったな。森宮さん、脇田と一緒で。(後略)」 （そして、バトンは渡された）

B 〈体験した事象への話し手の評価・感情〉〈話し手だけの体験時〉
- 「でも、一度だけ、すごく腹がたったことがある。大学生のときだ。いまでもはっきり覚えているくらいだから、よっぽど腹がたったんだろうな」
「へえ、どんなことがあったの」
「下宿生活でね。あのころは、日本もうんと貧しかった。その下宿は、

晩御飯だけが出るんだ。その下宿の親父が鮎をたくさん釣ってきて、とうとう食べきれなくて、二人の下宿生にも一匹ずつ焼いてくれたんだ。お父さんは、大事に食べようと思って、まず最初に、ご飯を食べた。そしたら、隣にいたやつが『なんだ、お前、食べないのか』っていうなり、俺の鮎をさっとつかんで、そのまま自分の口に帆織り込んだ。俺は、あのときは本当に怒った。」　　（ここに地終わり海始まる）

〈体験した事象への話し手の評価・感情〉〈話し手と聞き手の体験時〉
- 「先日、白鳳堂の今川厚志君の結婚式披露宴で…鈴木社長のスピーチの最中に、私、スープ皿に顔を突っ込みまして…その節は、大変失礼いたしました」（中略）
「ああ、そう言えば。いやはや、あのときは驚きましたよ。やけどはしませんでしたか？しかしよっぽど眠気を誘ったんでしょうなあ、私のスピーチは…」　　　　　　　　　　　　（本日は、お日柄もよく）

次のような〈反事実仮想〉の場合もありうる。話し手の体験したことに反する仮想だからである。「その時」「その夜」が使用しにくいのは、話し手の回顧性や評価・感情が複合化されているからであろう。

- 「もしあの時本当のことを、せめて妊娠していることだけでも打ち明けてもらえたなら、たぶん違った対応をしていたと思います。彼女がそうしなかったのは、私が味方をしてくれるとは思わなかったからでしょう。」　　　　　　　　　　　　　　　（マスカレード・ホテル）
- 「もし、それが事実なら、公判廷での彼の態度で分かるでしょう。行助がいなかったら、私はあの夜殺されていた」　　　　　　（冬の旅）

以上、〈ア〉系形式の時間副詞を伴う文は、〈発話行為時以前(過去)〉というテンポラルな意味とモーダルな意味が複合化されることを述べた。したがって、小説の地の文では、次のような登場人物の回想を提示する〈内的独白〉の文に限定される。

- 希美子は、とても好きだった夙川沿いの散歩道の桜はどうなったのであろうと思った。
  一度だけ、夫は私の誘いで夙川に沿った道を山の手のほうへと肩を並べて散歩につき合ってくれたことがあった…。<u>あのとき</u>すでに、夫の心は私という妻からは遠いところにあったのだ…。

  （森のなかの海）

- なぜ、<u>あの時</u>自分は、あれほどおかんが懇願したのに、声をかけてあげられなかったのだろう。
  意気地なし、卑怯者、偽善者。
  自分を罵るもうひとりの私の声が、いつも私を悩ませていた。

  （食堂かたつむり）

3. 話し手の推量、評価・感情と複合化された時間指示

「今ごろ」という時間副詞を伴う文では、〈発話行為時を含む時間〉というテンポラルな意味とともに、次のようなモーダルな意味が複合化される。②③の点については、既に指摘がある。①②の場合は「今」は使用できないが、③の場合は「今」でもよい場合がある[2]。

① 話し手の評価・感情
  - 「<u>いまごろ</u>間のぬけた質問だけど、未紀にはお父さんがいたんだね。なんとなくいないと思い込んでいた」　　　　　（聖少女）
② 話し手の反事実仮想
  - 「戦争がなかったら、<u>いまごろ</u>ヨーロッパに留学して、各国の美術館や博物館を観て廻ってたでしょう」　　　　　（流転の海）
③ 話し手の推量
  - 「（前略）5日前に発って行った。<u>今頃</u>は、ローマにもどっているだろう」　　　　　（小説「イタリア・ルネサンス」）
  - 「マサコは、レーゲンスブルグで決着をつけるつもりです。<u>いま</u>、自分のお母さんを必死で説得しているでしょう」　　　　　（ドナウの旅人）

以下では、まず「今」を伴う文におけるダイクティックな時間指示を確認したあと、「今ごろ」を伴う文におけるダイクティックな時間指示（テンポラルな意味）とモーダルな意味の複合性について述べる。

　なお、「今ごろ」が「このごろ」と同じ意味で使用されている次のような例が稀にある。この場合「遊んでいる」は〈反復習慣〉を表している。このような使用は、現在では「このごろ」の方が普通になっており使用頻度が低い。

- 「峻一はどうしているかな？」
  「それは大きくなりましてよ。お前様を見ても覚えていないでしょうね。今ごろは日米戦争なんて遊んでますわ」　　　　　（楡家の人々）

3.1 「今」を伴う文の時間指示

　「今」という時間副詞は、次のように、述語のテンスと相関して、発話行為時との〈同時〉〈直後〉〈直前〉を指示する。命令文の場合は〈直後〉になる。

〈発話行為時と同時〉
- 「お前、不自由しているようだったら借りておけよ。いま、こいつ大金を持っているだ。親戚中から借りたんだ」　　　　　（北の海）
- 「僕は今きわめて冷静です。これは信じてください」　　（冬の旅）
- 「今そこに、奥さん居るか」
  「いや、風呂に入ってる」
  「じゃあ、この話してもいいかな」　　　　　　（不機嫌な果実）

〈発話行為時直後〉
- 「また引き返すのも面倒でしょう。いま、毛利さんにお別れをなさいますか」　　　　　　　　　　　　　　　　　　（森のなかの海）
- 「いま、台湾に発つ日を決めなさい。もう別に沼津には用事がないだろう」　　　　　　　　　　　　　　　　　　　　　（北の海）

〈発話行為時直前〉
- 「パパが大変なんです。<u>いま</u>、阿川先生が見えました。子供たちに電話をしようと思って」　　　　　　　　　　　　　　　（社長の器）
- 「早いわね、二人とも」加代子が起きてきた。(中略)
  「<u>今</u>、お二人のなれそめのお話を伺っていたんです」
  「バカバカしい」
  加代子はちょっと照れた顔になった。　　　　　　（若葉学習塾）

　以上の例の「今」はすべて「今ごろ」に言い換えられない（言い換えられても後述するように話し手の評価・感情が前面化する）。しかし、次のような、文のモーダルな意味が〈話し手の推量〉の場合の「今」は、「今ごろ」に言い換えることができる（波線部分が推量を明示している）。

- 「大天井さんて、やっぱり大物ですね。ゆうゆうと眠ってしまった」
  「<u>いま</u>、きっと夢を見ているよ。いつか眠れば必ず夢を見るといっていた」　　　　　　　　　　　　　　　　　　　　　（北の海）
- 「尾辻は、<u>いま</u>金沢でどんな仕事をしているのだろう。ときどき尾辻から電話でもありませんか？」　　　　　　　　　　（朝の歓び）

　一方、次の場合は、〈話し手の推量〉ではないので、言い換えることはできない。

- 「ほら、<u>いま</u>男が三人立ってるでしょう？あの向こうの路地を右に曲がります」　　　　　　　　　　　　　　　　　　（愉楽の園）
- 「教えて頂戴よ、<u>いま</u>の歌」
  「知りません」
  「だって、<u>いま</u>歌ってたでしょう」　　　　　　　　　（氷壁）

3.2　「今ごろ」を伴う文の時間指示の複合性
　(1)「今ごろ」は「今」と共通して〈発話行為時を含む時間〉を表すので

第2章　ダイクティックな時間指示とモーダルな意味の複合性　65

はあるが、次の例では、通常（常識）とは異なる事実を確認した場合の〈話し手の意外性〉という評価・感情が前面化されている。「今」には言い換えられない（言い換えにくい）。「会う」「降る」といったスル形式が使用されているが、話し手の評価・感情を伴わない確認した事実の提示であれば「会った」「降っている」であろう。倒置にもなっている。

- 「ほう、こいつはめずらしい。いまごろ嘉吉つぁんのむすめさんにあうとはなあ」　　　　　　　　　　　　　　　　　　（二十四の瞳）
- 「めずらしいことね。いまごろ雪が降るなんて」　　　　（孤高の人）

次の場合は、発話行為時に現象している事実に対する〈話し手の強い疑い（反語性）〉が前面化している。

- 「なら、何の火だい、今頃、あんな場所に、あんなに沢山火が並ぶかい」　　　　　　　　　　　　　　　　　　　　　　（あすなろ物語）

次のような「疑問詞質問文」あるいはそれに準じるかたちをとる場合も多い。

- 「俺が殺したんだよ、あのガキを」
  「爆弾発言ですね、今頃どうしたんですか」　　　　　　（この世の果て）
- 「おい加藤どうした、今ごろなんでこの辺をうろついているんだ」
  　　　　　　　　　　　　　　　　　　　　　　　　　　（孤高の人）
- 「いや、酔っぱらった親父が俺に言った言葉なんだ。変だな。どうしていまごろ思い出したりしたのかな」　　　　　　　（ドナウの旅人）

次の例でも「今ごろ」を「今」に言い換えると、客観的な情報求めの質問文になるだろう。「今ごろ」を使用することで、驚き、非難といった話し手の評価・感情が前面化する。この場合も倒置が起こりやすい。

- 夫が水を流す音で眼をさました妻が声をかけた。
  「どうなさったんです、今ごろ」
  「血を吐いたんだ」　　　　　　　　　　　　　　　（月光のドミナ）
- 「何処へ行っていたの、いまごろ」
  母親は刺すような眼で僕を見ると云った。　　　　（質屋の女房）
- 「やけくそ言うなよ。どんな親でも、親は親だ」
  「相原君って、意外に古風なんだ」
  「いまごろわかったのか」　　　　　　　　　　（ぼくらのC計画）

　次の場合は、形式上、命令文ではあるが、条件を提示している。話し手の意図は、「今、顔を出すべきではない」「今、出てはならない」という否定的評価である。

- 「当たり前じゃないか。今頃、おじいさんのところへでも顔を出してみなさい。怒鳴りつけられるぞ」　　　　　　　　　（北の海）
- 「いまごろ出てみろ、すぐ暗くなる。やめたほうがいいね」
  　　　　　　　　　　　　　　　　　　　　　　　　（孤高の人）

　次のような場合も、すべて、「仕様がない」「もう遅い」という話し手の評価・感情が複合化されているため、「今」には言い換えられない。

- 「あすにしようと思ったが、今夜連れてきました。預かってください」
  「仕様がないですね、今頃。まあ、連れて来たのなら、上げて下さい」
  　　　　　　　　　　　　　　　　　　　　　　　　（北の海）
- 「おまえにも迷惑かけちゃったな」
  「いいですよ。いい社会勉強になりました。ま、今頃勉強してももう遅いんですけどね」　　　　　　　　　　　（テロリストのパラソル）

　以上、「今ごろ」には〈話し手の評価・感情〉が複合化されることを述べた。次の〈はなしあい〉における「今」と「今ごろ」は、〈同じ事象〉に対

する二人の話し手のモーダルな態度の違いを示していると言えよう。

- 「遠山が腰の骨を折って、いま中学の道場で寝ている。動けないんだ」
「遠山が？」
「そう、暗い道場の中でひとりで寝ているんだ。何とかしてやらないと可哀想だ」
「ほう、どうして、今頃道場なんかで寝ているんだ」　　　（北の海）

(2) 次のような〈話し手の反事実仮想〉の場合も、「今ごろ」であって「今」は使用できない。この場合、「行っている」「死んでる」を「行っていた」「死んでた」に言い換えてもよい。

- 「もう引き返しかけたから、このままおとなしく家に戻るが、本当は引き返すべきではなかったと思うね。あのまま行っていたら、今頃は火事場の近くに行っている。ついでに浜も散歩できた」　　（北の海）
- 「さっきは死ぬかと思ったよ、オレって体力がないんだな」
「いや、お前は案外強いよ。生への執着があるよ、みんな知らないけど、こういうところじゃ、人間なんてあっという間に死んじゃうからな、本当に弱いやつだったら、今頃死んでるよ」
（愛と幻想のファシズム）

〈反事実仮想〉の場合は、次のように、過去形の「寝ていた」「廻っていた」「クビだった」と「今ごろ」が共起する。〈発話行為時〉のことであるので、この過去形は非過去形に言い換えてもよい（工藤2014参照）。

- 「もし、君という人間が本当に立派な人間でなければ、ぼくは今ごろ遊女とひとつ枕で寝ていたことだろう」　　　　　　　　　（塩狩峠）
- 「戦争がなかったら、いまごろヨーロッパに留学して、各国の美術館や博物館を観て廻ってたでしょう」　　　　　　　　　　（流転の海）
- 「水口さんに助けられた。彼が平然と受け取るような男だったら、僕

は今頃、使い込みの罪でクビだったよ」　　　（思い出にかわるまで）

　(3)〈話し手の推量〉の場合は、「今」と「今ごろ」の使い分けが次のようになる（「今ごろ」に推測を表す用法があることは田窪・笹栗 2001 で指摘されている）。
　「〜だろう（でしょう）」「〜かもしれない」「きっと」のような推量を明示する形式が共起している場合は、「今」に言い換えることができる。

- 「もう来ませんよ」
  「どうしたのかな？」
  「多分もう二人とも電車で金沢の町に行き、今頃はてんどんでも食べているでしょう」　　　　　　　　　　　　　　　　（北の海）
- 「（前略）彼女はいま妹さんの部屋に行ってるよ。いまごろふたりは手をとりあって、久しぶりの再会を喜びあっていることだろう」
  　　　　　　　　　　　　　　　　　　　　　　　（四季・布由子）
- 「ご主人が心配しているだろう。急に姿をくらまして、いまごろ大騒ぎをしているかもしれないぜ」　　　　　　　（朝の歓び）
- 「僕は、こんなことより、もう少し徳沢の小屋に居るべきではなかったかと、いま思っています。僕があそこにいるだけで、小坂は安心していたのではないかと思う。小坂はきっと今頃ひとりにされたこと怒っていると思うんです」　　　　　　　　　　　　　（氷壁）

　「今」とは違って、「今ごろ」は、推量を明示する形式との共起が無くても〈話し手の推量〉を表す。次の例では、述語の形式が「捜している」「考えている」「洗ってます」であり、「きっと」のような副詞も共起していない。したがって、以下の例の「今ごろ」を「今」に言い換えると〈事実確認（断定）〉の意味になる。

- 「あの人たちは、いまごろ、パリ中のホテルに電話をかけて、私を捜しているわ」　　　　　　　　　　　　　　　　（朝の歓び）

- 「遠山の奴は少し一人にしておいた方がいいよ。あいつはものを考えるというようなことはめったにないから、この機会に少し考えさせてやろう。人生について、少しは考えるだろう」
「人生についてなんか考えるものか。<u>今頃</u>、あんパンについて考えている」 　　　　　　　　　　　　　　　　　　　　（北の海）
- 「いや、<u>今頃</u>顔を洗ってますよ」 　　　　　　　　　　　　（一瞬の夏）

以上のように、「今ごろ」を伴う文は〈話し手の推量〉を明示するのだが、〈推量〉ではあっても、話し手が「事実の可能性が低い」と思っている場合には、「今」よりも「今頃」の方が適切であるように思われる。

- <u>いまごろ犯人</u>は、モネの『印象』の、あの曙光の海にどっぷりとつかって、至福のときを過ごしているのだろうか。せめてそう思いたいが、多分、私の感傷でしかないのだろう。 　　　　　　（葉桜の季節）

4. おわりに

　以上、第1章の補足として、ダイクティックな時間指示（テンポラルな意味）とモーダルな意味が複合化される場合があることを述べた。〈ア〉系形式は「あの時」で代表させておく。

	〈テンポラルな意味〉	〈モーダルな意味〉
あの時	過去	話し手の体験への回顧と評価・感情
今ごろ	発話行為時を含む時間	話し手の評価・感情 反事実仮想 推量

　テンポラリティーもモダリティーも、〈発話主体の立場からの文の対象的内容である事象と現実との関係づけ〉であると考えれば、このような複合性

が起こっても不思議ではないように思われる。

　この章では「あの時」のような〈ア〉系形式と「今ごろ」に限って考察したが、さらには「まだ、もう」のような副詞も視野に入れる必要があると思われる。今後の課題である。

注

1　宮城県登米郡中田町方言には、八亀・佐藤・工藤 2005、佐藤 2007 で記述されているように、話し手の体験的過去を明示するテンス形式がある。
2　頻度は低いが、「今日（きょう）」のようなダイクティックな時間副詞に、次のような用法がある。

- 「よし、10 キロで手を打った。そのかわり、来年のきょう 10 キロ減量してなかったら、余分な脂肪は切り落とさしてもらうからな」　　　　　　（北の海）

このような使用は「今」には無いが、田窪・笹栗 2001 で考察されているように、「今ごろ」にはある。

- 「来年のいまごろは、ふじ子がお産扱いに来てくれなんて手紙をよこすにきまってるよ」　　　　　　　　　　　　　　　　　　　　　　　　（塩狩峠）
- 「去年の今頃、僕は、北海道旅行の準備をしていたなあ。ぼくがここを出たら、いっしょに旅行をしませんか」　　　　　　　　　　　　　　　（冬の旅）

本章では単独用法の場合に限って考察する。なお、稀に、次のような場合があるが、これは、「明日の今頃」に言い換えることができる。

- 「明日は、今頃迎えに来てね」　　　　　　　　　　　　　　　　（太郎物語）

第3章
かたりのテクストにおける
時間構造と説明の構造

1. はじめに

　(1)第1章と第2章は、話し手と聞き手の相互行為としての〈はなしあい〉に限定しての考察であった。本章で考察するのは、小説の地の文(登場人物の内的独白部分は除く)である。これを〈かたりのテクスト〉と呼んでおくとすれば、〈かたり〉では、〈私・今・ここ〉という発話場面への指向性は無く、したがって、第1章で述べたような〈発話行為時〉を基準点とするテンス形式や時間副詞のダイクティックな時間指示は無い。また、第2章で述べたような「あの時」「今ごろ」のような時間副詞の使用も無い。前面化してくるのは〈複数の事象間の時間関係〉である。

　工藤1995で述べたように、かたりのテクストでは、時間の流れに沿った一時的事象(出来事)の展開を表すことが重要であり、この機能を担うのは〈完成相〉のアスペクト形式である。物語の時間の流れをとめる場合には、〈継続相〉のアスペクト形式が使用される。

　本章では、このようなかたりのテクストにおける時間構造に、「ノダを伴う文」がどう関わるかを考察する。

　現代日本語には、「ノダ(普通体)」や「ノデス(丁寧体)」のような形式を伴う文が発達している(話し言葉では「ンダ」「ンデス」になることもある)。このような文の意味や機能については、田野村1990にあるように、Chamberlain 1888以来の長い研究史があり、現在でも、話し言葉を中心に様々な観点からの研究がなされている。ノダ、ノデスを伴う文は、話し言葉

でも書き言葉でも使用されるが、既に指摘されているように場面・文脈への依存関係があり、話し言葉と書き言葉で同じように使用されるわけではない。

　奥田靖雄の2つの論文（1990、2001）によって、〈はなしあい〉と〈かたり〉におけるノダ、ノデスを伴う文の機能・意味上の本質的な違いが提起されているが、本章では、かたりのテクストに限定して考察する。

　(2) 話し言葉にもいろいろなタイプがあるが、一口に書き言葉とは言っても、手紙の場合、エッセーの場合、論述文の場合、小説の地の文のような場合とでは使用実態が違っている。例えば、次に示すのは、一人称小説である『こころ』（夏目漱石）のなかの、地の文ではなく、「先生」が「わたし」にあてた手紙の内容を提示している部分の引用である。ノデスを伴う文が連続している。

　　　（前略）私はこの夏あなたから二三度手紙を受け取りました。東京で相当の地位を得たいから宜しく頼むと書いてあったのは、たしか二度目に手に入ったものと記憶しています。私はそれを読んだ時何とかしたいと思った<u>のです</u>。少なくとも返事を上げなければ済まんと考えた<u>のです</u>。然し自白すると、私はあなたの依頼に対して、まるで努力しなかった<u>のです</u>。ご承知の通り、交際区域の狭いというよりも、世の中にたった一人で暮らしているといった方が適切な位の私には、そういう努力を敢えてする余地が全くない<u>のです</u>。（後略）　　　　　　（こころ）

　このようなことは、小説の地の文では基本的に無い。次に示すのは、森鴎外の小説『山椒大夫』の最後の部分である。生き別れになった母子が再会するというクライマックスとなる場面である。（厨子王というのは正道の幼名である）

　　　正道はなぜか知らず、この女に心が牽かれて、立ち止まって覗いた。女の乱れた髪は塵にまみれている。顔を見れば盲である。正道はひどく

哀れに思った。そのうち女のつぶやいている詞が、次第に耳に慣れて聞きわけられて来た。それと同時に正道は瘧病のように身内が震って、目には涙が湧いて来た。女はこう云う詞を繰り返してつぶやいていたのである。

　　安寿恋しや、ほうやれほ
　　厨子王恋しや、ほうやれほ
　　鳥も生あるものなれば、
　　疾う疾う逃げよ、遂わずとも。

　正道はうっとりとなって、この詞に聞き惚れた。そのうち臓腑が煮え返えるようになって、獣めいた叫びが口から出ようとするのを、歯をくいしばってこらえた。たちまち正道は縛られた縄が解けたように垣のうちへ駆け込んだ。そして足には粟の穂を踏み散らしつつ、俯伏した。右の手には守本尊を捧げ持って、俯伏したときに、それを額に押し当てていた。

　女は雀でない、大きいものが粟をあらしに来たのを知った。そしていつもの詞を唱えやめて、見えぬ目でじっと前を見た。そのとき干した貝が水にほとびるように、両方の目に潤いが出た。女は目があいた。

　「厨子王」という叫びが女の口から出た。二人はぴったり抱き合った。

　　　　　　　　　　　　　　　　　　　　　　　（山椒大夫）

　以上の例では、「立ち止まって覗いた」から始まる「ノデアルを伴わない文」が事象の時間的展開を描写・記述しているのに対し、二重下線を引いた文だけが「ノデアルを伴う文」になっている。そして、ノデアルを伴う文は、点線を引いた前文が表す事象「正道は身内が震って目には涙が湧いて来た」の成立（実現）を引き起こした事象、つまり〈原因・理由〉をさしだしている。

　本章では、このような小説の地の文に限定して、その使用実態を考察する。三人称小説と一人称小説があるが区別しないで分析する。小説の地の文では、上記のような「ノデアル」だけではなく「ノダ」が使用される場合もある。ノデアルとノダの間には文法的な意味・機能上の違いがないので、区別しないで分析し、両方をあわせて「ノダを伴う文」ということにする。ま

た、「ノダッタ」「ノデアッタ」のような形式になる場合もある。小説の地の文では、ノダッタ、ノデアッタの方が、説明口調が薄まる傾向があると思われるが、意味・機能上の大きな違いは無いと思われるため区別しないで扱う。

(3)以上のように、かたりのテクストは、基本的には「ノダを伴わない文」の有機的繋がりであるとすれば、どこで「ノダを伴う文」が必要になってくるのかということが問題になる。

奥田に従って、それぞれを〈記述の文〉〈説明の文〉と呼んでおくとすれば、〈説明の文〉だけをディスコースあるいはテクストという文の連続から抜きだしてその機能・意味を考察するのではなく、どこで、ノダを伴う〈説明の文〉の必要性が無くなるかをも考察する必要がある[1]。

結論を先取りして言えば、次のようになる。1)の点については既に指摘されており、奥田1990においてその詳細が分析されている。

1)〈かたりのテクスト〉において「ノダを伴う文」は、大きくは次のような広義因果関係的な、論理的な機能をもつ。
   a) 前文が表す事象を条件づける事象、典型的にはその原因・理由を提示して説明する。
   b) 前文が表す事象に対して、別の観点(異なる観点)を提示して説明する。

2) 上記のa)b)の機能は、「ノダを伴う文」の専売特許というわけではなく、ノダを伴わなくてもいい場合があり、〈義務性の強弱〉があると思われる。この義務性の強弱には〈文が表す事象の時間的タイプの違い〉が関与していると思われる。義務性の強弱という言い方をしたのは、文脈や日常的な常識(プラグマティックな知識)等により推測できる場合があって、相対的な傾向に留まるものだからでる。
   ①〈時間のなかに現象する動的事象〉を表す文の場合は、ノダを伴う文の義務性が強い。ノダを伴わない〈記述の文〉であるか、ノダを伴う〈説明の文〉であるかによって、時間関係が違ってくるからである。

② 時間のなかに現象する〈継続的な一時的事象〉を表す文の場合は、義務的な場合と義務的ではない場合がある。義務性の強弱を決めるのは、文脈つまり前文との関係や日常的常識（知識）である。
③ 時間のなかに現象しないポテンシャルな〈恒常的事象〉〈反復習慣的事象〉を表す文の場合は、ノダを伴う文の義務性が弱い。

3)「ノダを伴う文」は、a) b) の機能以外に、物語の展開上重要な事象であることを強調するという機能をもつ場合もある。強調の機能は、事象間の時間関係（時間構造）が変わらないことが前提になる。

〈かたり〉では、複数の事象の時間的な関係づけが一義的に重要であり、それに広義因果関係的な、論理的な関係が複合化されてくるといえる。
　以下では、まず、かたりにおける〈時間構造〉を確認したあと、上記の2)の点について述べ、最後に3)の点について述べる。

2.　小説の地の文における時間構造

　次に示すのは、太平洋戦争における沖縄戦を描いた、吉村昭による小説『殉国』の一部である。ノダを伴う文は全く使用されておらず、出来事自身が物語るかのように描写されている。ここでは、時間のなかに現象する個別具体的な事象間の時間関係が重要である。具体的には、〈同じ時空間〉における〈継起〉か〈同時〉かという複数の事象の時間関係のなかで物語が展開していっている。

　　　　彼は追われるように崖に近い岩陰にとびこんだ。その狭い空間には多くの兵と住民たちが身をかがめていた。兵の一人が子供を抱いた女に銃をつきつけていた。
　　　「いいか、子供が泣いたら殺すぞ」女は機械的にうなずきつづけていた。
　　　そのうちに、ふと笑うような泣きむせぶような低い声が背後で聞こえ

た。振り向くと銃をつきつけられた女が唇をふるわせている。女のかたくにぎりしめられた両掌の間には嬰児の首がしめつけられていた。
　「馬乗りがはじまった」駆け込んできた兵が血の気の失せた顔で叫んだ。そして「ここにも敵が来るぞ」と言った。住民も兵もおびえたように立ち上がった。　　　　　　　　　　　　　　　　　　（殉国）

　会話(はなしあい)の部分を除く「地の文」は、a～jの文(動詞述語の部分を下線と波線で示している)で構成されているが、これらの文は、次のような時間関係にある。

(a)「とびこんだ」
(b)「かがめていた」、(c)「つきつけていた」、(d)「うなづきつづけていた」
(e)「聞こえた」
(f)「ふるわせている」、(g)「しめつけられていた」
(h)「叫んだ」、(i)「言った」、(j)「立ち上がった」

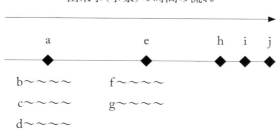

出来事(事象)の時間の流れ

　最後の２つの文(下線を引いている「(兵が)言った」と「(住民も兵も)立ち上がった」)が表す事象の間には、〈先行―後続〉の時間関係に、〈原因―結果〉という因果関係も複合化されている。
　事象の〈継起〉を表して物語の時間の流れを進めているのは、すべてシタ形式である。時間の流れをとめて〈同時〉を表しているのは、シテイタ形式あるいはシテイル形式である。シタ形式とシテイタ形式とはアスペクト的に

対立しており、完成相形式（perfective aspect）と継続相形式（durative aspect）である。

  シタ〈完成相アスペクト〉 ：複数の事象間の〈継起性〉を表すために機能する。
  シテイタ〈継続相アスペクト〉：複数の事象間の〈同時性〉を表すために機能する。

　小説の地の文では、話し言葉の場合とは違って、スルとシタ、シテイルとシテイタは、発話行為時を基準とするテンス対立とならないのが普通である（工藤 1995）。fの文では「ふるわせている」となっているが、「ふるわせていた」に変えても〈同時〉という時間的意味は違わない（ただし、シテイル形式の方が登場人物の視点を前面化する傾向がある）。
　また、次のような場合には、シタ形式（下線）とスル形式（破線）が混在しているが、時間的意味はかわらない。どちらも〈完成相アスペクト〉であるため、事象間の〈継起〉を表す。

  久美子がレシートを持って立ち上がった。ぼくもあわてて後を追う。彼女は何も言わずに、このビルの地下の駐車場に行く。ぼくもそこに車を止めてあるのだが、久美子が何も言わずに早足で歩いてゆくから
  「ね、どうしたの、ね」
  と言いながら、後からついていった。久美子は自分の車にのりこむ。仕方がないから、ぼくも助手席にもぐりこむ。久美子は黙って車を発進させ、第2京浜国道を数分走った所にある新しいマンションの駐車場に乗りいれた。
                （若葉学習塾）

　小説の地の文（かたり）では、このように〈完成相アスペクト〉が事象間の時間の流れを前進させる機能、〈継続相アスペクト〉が時間の流れをとめて同時的な事象を提示する機能を有する。冒頭に示した『山椒大夫』の場合も同様だが、かたりでは、このような時間構造のなかで、ノダを伴う文が使用

されることになる。

3. 時間的限定性のある事象と説明の構造

　時間的限定性のある個別具体的な事象を表す運動動詞述語には〈完成―継続〉のアスペクトがあるが、ノダを伴う文においても「したノダ―していたノダ」のアスペクト対立がある。「したノダ」の場合はその使用がほぼ義務的であるが、「していたノダ」の場合は義務的な場合とそうではない場合がある。したがって、以下では、両者を分けて述べる。

3.1　非同時的な時間関係の場合

　(1) まず、使用頻度が高い「したノダ」の場合について述べる。

　ノダを伴わない文の述語が「シタ」という完成相形式の場合は、前文との間には〈先行―後続〉という時間関係がでてくるわけであるが、ノダを伴う文にするとこの〈先行―後続〉の時間関係が違ってくる。具体的には次のようになる。

　第1には、ノダを伴う文(二重下線)は、前文(点線)が表す〈結果〉としての事象に対して、時間的に先行する〈原因・理由〉としての事象を提示する。以下の例において、ノダを伴う文にしないと、「跳び上がった→徳丸が爪をたてた」という〈継起〉を表すことになってしまう。したがって、ノダを伴うことが義務的になる。

- 「何ともないね」
  言い終わったとたん僕は跳びあがった。徳丸が僕の脇腹に爪をたてたのだ。　　　　　　　　　　　　　　　　　　　　　(僕たちの失敗)

　次の場合も同様である。「六本木に向かった」と「思い出した」という2つの動的事象が提示されているのだが、前文が表すのは〈結果〉としての事象である。ノダ文はその〈原因・理由〉を表し、前文が表す事象である「六本木に向かった」が「なぜ起こったか」を説明している。

- 誠吉は六本木に向かった。クリスマス・イブの夜、絹子に誘われて入ったバーの経営者が、マンションの持ち主だったということを思い出したのだ。　　　　　　　　　　　　　　　　　　　（樹下の想い）

次の場合も、ノダを伴う文は、前文が表す事象である「離婚を申し出た」ことの原因・理由を説明している。実際の生起順序は「男ができた→離婚を申し出た」である。

- 追い打ちをかけるように、妻が離婚を申し出た。松江の海外赴任中に、男ができたのである。　　　　　　　（棟居刑事の「人間の海」）

次の例では「ノダ」ではなく「ノダッタ」になっている。「ノダッタ」の方が説明口調が薄まると思われるが、小説の地の文では、話し言葉の場合のようには「ノダ」と「ノダッタ」の間に意味・機能上の大きな違いは無いと思われる（日常会話では「（そう言えば）歌集を投げ込んできたノダッタ」は、忘れていたことの〈想起〉という意味がでてくるが、この例はこのような想起の意味は無いと思われる）。

- 先日受け取ったばかりの姉の歌集を、私は涙をまぎらわすために開いてみた。あわてて荷物をつくる時、机の横にあったその青い歌集を投げ込んできたのだった。　　　　　　　　　　　　　　（私小説）

そして、この例では、前文に対する原因・理由の提示というよりは、「姉の歌集を開いてみた」という事象の成立(実現)を条件づける事象を提示している。前文が表す事象に〈時間的に先立つ事象〉である点では、上記の３つの例と共通している。このような例もあることから、ノダを伴う文は原因・結果を表すと考えるのは狭すぎると思われる。前文とノダを伴う文との間には「条件づけられる事象―条件づける事象」という広い意味での因果関係があり、その典型が〈原因・理由〉であると言えよう（なお、「ノダッタ」の使用例については後でも述べる）。

(2) ノダを伴う文の機能は以上に留まるものではない。第2に、以上の場合とは違って、「ノダを伴う文」が、前文が表す動的事象を別の観点（異なる観点）から説明する場合がある。

　次の例において、2つの文が表すのは同じ1つの事象であって、「ノダを伴う文」は時間的に先行する事象を表しているのではない。前文では「悲劇が起きた」というかたちで抽象的に表現され、ノダを伴う文は、その〈具体化〉を行っている。

- 悲劇は、その瞬間に起きた。ベランダに走り込んで来た女の子が、ワッという声をあげて、庶務課長の腰を突いたのだ。　　　（影の告発）

　次の例では、前文は抽象的ではないが、前文が表す「彼ら」とは具体的に「軍刀をさげた憲兵二人」であること、「やってきた」とは具体的に「サイド・カーで乗りつけてきた」ということであると、その〈詳細化〉を行っている。

- 或る朝、染乃とイワーノフが食事をしている時に、彼らはやってきた。軍刀をさげた憲兵が二人、サイド・カーで乗りつけてきたのである。　　　　　　　　　　　　　　　　　　　　　　（朱鷺の墓）

　上記の場合、ノダを伴う文にしないと、異なる2つの事象が継起的に起こったとの誤解が生じやすい。したがって、ノダを伴うことが義務的になると思われる。

　次の場合は、〈具体化〉や〈詳細化〉では無い。知覚できる事象である「さり気なく言った」の背景には、登場人物の「一つの決心」という〈心理的な動機づけ〉があったことを提示している。前文が表す外的な事象に対して、知覚ではとらえきれない登場人物の心理面からの説明であるが、前文が表す事象に対する異なる観点からの説明である点では、上記の〈具体化〉〈詳細化〉の例と共通していると言えよう。この場合も、ノダを伴うことは義務的に近い。

- 「君の復讐はできたと思うな」
  阿部は、それをさり気なく云った。が、彼の気持では、一つの決心で、その言葉を口に出したのである。
  「それ、どういう意味なんでしょう？」　　　　　　　　　（霧の旗）

　次の場合も、異なる観点からの〈意義づけ〉的な説明である。「つまり」という接続詞があるが、ノダを伴う文にした方が適切であると思われる。

- 飯島の庇護によって、岡野は路頭に迷うところを救われた。つまり、岡野は飯島に借りをつくったのである。　（棟居刑事の「人間の海」）

　次の2つの例の場合も、絶対的ではないが、ノダを伴う文にした方が適切であると思われる。特に、後の例では「しかも」という接続詞があることからもわかるように、後述する〈強調〉の機能がでてきている。

- 昭和14年9月1日には、ドイツがポーランド進撃を開始した。ついに、第二次世界大戦が勃発したのである。　　　（大本営が震えた日）
- 陸海軍人230万、一般人80万のおびただしい死者をのみこんだ恐るべき太平洋戦争は、こんな風にしてはじまった。しかも、それは庶民の知らぬうちにひそかに企画され、そして発生したのだ。
  　　　　　　　　　　　　　　　　　　　　　（大本営が震えた日）

　以上、すべての例において、広義因果関係の提示の場合であれ、別の観点の提示であれ、前文と後文とは〈先行―後続〉という時間関係(生起順序)では無くなっている。このように、述語が「した」という完成相形式の場合は、「したノダ」というかたちにすることが基本的に義務的になる。

　(3) 以上の例はすべて、前文が完成相アスペクト形式の「シタ」の場合であったが、前文が「シテイタ」という継続相アスペクト形式の場合もある。この場合でも、ノダを伴う文は、時間的に先行する〈原因・理由〉を表す事

象になる。ノダを伴わないと、「向かっている時に思った」という〈同時〉の時間関係になってしまうからである。

- 江島壮介と別れたあと、勇作は統和医科大学に向かっていた。壮介からあれだけの話を聞けたので、晃彦を問いつめることも難しくはないと思ったのだ。　　　　　　　　　　　　　　　　　　（白夜行）

　ただし、次のような場合が稀にある。下線を引いた文は、点線を引いた前文が表す事象「二郎、三郎の二人の息子(だけ)が列んでいる」に対して、それを条件づける時間的に先立つ事象「太郎は16歳の時行方が知れなくなった」を提示している。したがって、「行方が知れなくなったのだ」とノダを伴う文にしてもよいのだが、ノダを伴う文ではなくても、〈文脈〉から、時間的、論理的な混乱は起こらない。波線を引いた「今から19年前のことである」が後続していること、さらには、破線を引いた「もともと大夫には三人の息子があったが」という従属文があることも関係していると思われる。

- 一抱に余る柱を立て並べて造った大廈の奥深い広間に一間四方の炉を切らせて、炭火がおこしてある。その向にしとねを三枚畳ねて敷いて、山椒大夫は几に靠れている。左右には二郎、三郎の二人の息子が狛犬のように列んでいる。もともと大夫には三人の息子があったが、太郎は16歳の時、逃亡を企てて捕えられた奴に、父が手ずから烙印をするのをじっと見ていて、一言も言わずに、ふいと家を出て行方が知れなくなった。今から19年前の事である。　　　　（山椒大夫）

　次の場合では、前文が表す事象に対する異なる観点からの説明になっている。ノダを伴う文にしてもよいが、そうなっていないのは、日常的な常識により誤解が生じにくい文脈だからであろう。

- そうして、久美さんは、私の前から姿を消した。あっけないくらい、実に気持ちよく、久美さんはアメリカに旅立っていった。

11月、アメリカ初の黒人大統領が誕生した。それでも久美さんは、帰って来なかった。　　　　　　　　　　　　（本日は、お日柄もよく）

「したノダ」の場合、「義務的である」とせずに「義務性が強い」としたのはこのためである。肯定文に対する否定文、あるいは能動文に対する受動文の場合は、その意味・機能がはっきりしているが、「ノダを伴わない文」に対する「ノダを伴う文」の意味・機能は、文脈や日常的な常識の影響が相対的に大きいと思われる。とはいえ、「したノダ」の場合は、次に述べる「していたノダ」の場合や、恒常的あるいは反復習慣的事象の場合と比べると、2つの事象間の時間関係（生起順序）の違いに関与することから相対的に義務性が強いと言えよう。

なお、以上の例はすべて前文が1文だけの場合であったが、ノダを伴う文の説明の対象が、次のように複数の前文の場合もある。

- ピブン首相が、口をひらいた。ピブンは低い声で、タイは、日本側がしめした四項目のうちの「軍隊通貨の承認」を受け入れると言った。しかし、付帯条件である「マレー方面二州を与える」という日本側の条件は、不必要であるといって拒絶した。
　ピブン首相としては、日本、イギリスのどちらが勝利をおさめるかは全く不明であるし、もしもイギリスが勝利をおさめた場合の後難をおそれて、そうした無難な回答をしたのである。（大本営が震えた日）

また、次の例では「したノダ」ではなく「するノダ」になっている。前文が表す事象に対する意義づけを表している点では上記に示した例と共通するが、目的の観点からの意義づけであるため「するノデアル」になっていると言えよう。

- 4月の中旬から、私はその年二本目の大作に入った。「金の切れ目」という中年夫婦を主人公にした喜劇は、梅田監督のメガホンで、銀座のロケから始められた。

その夜、私たちは宵のうちから、銀座裏の小さな旅館にとまった。
　　繁華街のロケなので、人通りのとだえる午前2時ころまで待つのである。　　　　　　　　　　　　　　　　　　　　　　　（砂糖菓子の壊れるとき）

3.2　同時的な時間関係の場合

（1）述語が「していた（している）ノダ」の場合は、次のようになる。

　継続相アスペクト形式の場合でも、次のように「ノダを伴う文」が、前文が表す事象に対する広義因果関係を提示したり、別の観点からの説明をする場合があるが、「したノダ」の場合とは違って、時間関係は変わらず、〈同時〉のままである。

　次の例は、原因・理由の説明である。

- 彼女はいそいでたちあがる。ふと目まいがした。一日の仕事が夜までつづいていて、つかれきっていたのだ。　　　　　　　（人間の壁）

　次の場合は、前文が表す事象「逆なことを考えていた」に対する具体的な説明をしている。

- 浅井はダブルベッドの中で煙草をくわえ、道子の思惑通り道子の佇いを見守っていたが、心の中はまるで逆なことを考えていた。道子の着物の着方を見ながら、昨夜のマチ子を思い出していたのである。
　　　　　　　　　　　　　　　　　　　　　　　（不信のとき）

　次の場合では、前文に対して、二重下線を引いた部分を提示して〈詳細化〉の説明をしていると言えよう。

- （前略）照子はふと相手の足もとに目をやった。泥にまみれている、雪と枯葉を踏みしめているその前足は、震えていた。照子の目にも見てとれる程に、本当にぶるぶると、細かく震え続けているのだ。
　　　　　　　　　　　　　　　　　　　　　　　　（凍える牙）

次のように、ノダを伴う文が、前文が表す事象に対する具体化とも原因・理由の提示とも考えられる場合もある。「考えていたカラデアル」とすれば原因・理由であることを明示することになる。

- 吉田は、グロムイコの出方をなお、警戒していた。平和条約の署名と安全保障条約の署名の間に時間をおくことは危険ではあるまいか、と考えていたのである。　　　　　　　　　　　　（小説・吉田茂）

以上のような例はすべて、文脈上、ノダを伴わなくてもいいように思われる。実際、次のような例がでてくる。ノダを伴っていないが、日常的な常識から、2つの事象間の因果関係は明らかである。したがって「作っていたのだ」「小山をなしていたのだ」「怖れていたのだ」としてもよいが、ノダを伴わなくても因果関係は理解できる。

- 谷の川底から、70メートルも進んだだろうか。そこで富樫は、厚い雪の壁に行く手をはばまれた。周囲の木々から落ちた雪が、そこで小山のような吹き溜まりを作っていた。　　　　　（ホワイトアウト）
- (前略)参道の入口まできたとき、さすがに周二は目をそむけた。そこにはおびただしい屍体が集積され、高さ2メートルを越すピラミッド状の小山をなしていた。　　　　　　　　　　（楡家の人びと）
- 「思いきって、切ってください」
  と彼は主治医に懇願したが主治医は「ええ、考えてはいるのですが…」と言葉を濁した。医者たちは二回目の手術で更に癒着した沼田の肋膜を剥がすことで、出血が多量になることを怖れていた。
  　　　　　　　　　　　　　　　　　　　　　　　　　（深い河）

次のような例では、前文が表す事象に対する〈具体化〉になっている。「働いていたのだ」「危険を感じていたのだ」にしてもよいが、ノダは伴っていない。

- 表口の玄関前では火事場騒ぎとはべつの騒動が発生していた。火事の気配に驚いて飛び出して来た入居者を、表に待伏せしていた暴力団風躰のグループが片端から捕えて、殴る蹴るの暴行を働いていた。　　　　　　　　　　　　　（棟居刑事の「人間の海」）
- 刑事は直ぐには出て行かずに、江藤の前の床に大きくあぐらを掻いた。また訊問するのだなと彼は思った。もはや彼は自分を支えきれなくなっていた。何か言われたら、いきなり全部を自白してしまいそうな危険を感じていた。　　　　　　　　　　　　　　（青春の蹉跌）

　次の例では、知覚できる外的事象「口笛を吹いた」の背景には、「小さく評価しようと努力していた」という心理的動機づけがあったという説明をしている。あるいは外的事象に対する心理面からの意義づけをしている。やはり、ノダを伴わない文であっても説明の機能はある。「努力していたのだ」にしてもいいのだが、ノダを伴っていない。

- （前略）江藤は自分を元気づける為に口笛を吹いた。つまりあの事の意味をできるだけ小さく評価しようと努力していた。　　　（青春の蹉跌）

　以上のように、継続相アスペクト形式の場合は、完成相アスペクト形式の場合とは違ってノダを伴っても伴わなくても〈同時〉という時間関係は変わらない。そして、ノダを伴わなくても、前文が表す事象に対する原因・理由の説明や別の観点からの説明という機能をもちうることが分かる。

　（2）しかしながら、継続相アスペクト形式であっても、ノダを伴う文が義務的な場合がある。
　その第1は、〈同時〉という時間関係ではなく、前文が表す〈結果〉としての事象に時間的に〈先行〉する事象を提示して〈広義因果関係〉を表現する時である。次の例における実際の生起順序は「見ていた→跳び込んできた」であるが、ここではその生起順序を変えて、前文の〈結果としての事象〉に対して、その事象の成立を条件づけた事象を提示するという構造になって

いる。以下の例では、ノダがないと、誰か別の人が「跳び込んできたのを見ていた」という〈同時〉の時間関係になってしまう。

- ドアが開き、伊予警務部長が顔の肉を揺らして跳び込んできた。<u>隣の四号室にいて、マジックミラーで一部始終を見ていたのだ</u>。（半落ち）

　第2は、同時という時間関係自体は変わらないのだが、日常的な常識から〈同じ事象〉であるとは判断できず、ノダを伴う文にしないと、2つの異なる事象が時間的に共起（併存）しているだけのことになってしまう場合である。
　次の例のノダを伴う文は、前文が表す事象とは別の事象を提示しているのではなく、前文が表す事象に対する異なる観点からの意義づけ的な説明を行っている。最初の例では「ノダッタ」になっているが「ノダ」であっても意味・機能上の違いは無いと思われる。ただし、前述したように、ノダッタの方が(語り手による)説明口調が薄まると思われる。

- <u>警視庁の写真班らしい人が、行進の指導者と思われる人たちをねらっては、しきりに写真をとっていた</u>。<u>騒ぎが起こったときに検挙するための資料を作っているのだった</u>。　　　　　　（人間の壁）
- 部落に入るとあちこちの家から白い煙が流れている。<u>蚊柱を追い払っているのである</u>。下帯一つの男が、子供をだきながら立っていた。彼は司祭を見ると、馬鹿のように口をあけて笑った。女たちは哀しそうに眼を伏せて四人が通りすぎるのを見まもっていた。　　　　（沈黙）

　次の場合も「ノダッタ」になっているが「ノダ」でもよいと思われる。前文が表す事象「働いていた」に対する〈具体化〉であるが、ノダッタであれノダであれ、ノダを伴う文にしないと2つの別の事象の共起（併存）の関係になってしまう可能性が高い。

- 更にもっとどぎつい光景が周二の前に開かれた。<u>青山の電車通りに</u>

は、一群の人々が働いていた。電車通りの歩道に並んでいる防空壕を掘り起こしているのだった。そして彼等は、その中からなにか硬直した物体を―もちろん人間の屍体をひきずりだしていた。

(楡家の人びと)

　次の場合は、ノダが無くても因果関係は理解できそうではあるが、誤解が生じないようにするためには、ノダを伴う文にした方が適切と思われる。

- 徒歩で、運平は家まで戻ってきた。家の中では、イサノが赤ん坊を抱いて恐怖におののいていた。土間や机の上まで、大きなバッタがうごめいているのだ。運平はそれを手ではらいのけて椅子に坐り、心を落ち着けるためにピンガを飲んだ。　　　(輝ける碧き空の下で)

(3) 以上から継続相のアスペクト形式の場合には、次のようになることが分かる。

① 前文が表す事象に対して、〈同時〉という時間関係が変わらず、また原因・理由の提示や別の観点からの説明であることが文脈上あるいは日常的な常識から分かる場合は、ノダを伴わなくてよいが、念のためノダを伴う文構造にしてもよい。
② 前文が表す事象に対して原因・理由となる〈時間的に先行する事象〉を提示する場合や、前文が表す事象に対する〈別の観点からの説明〉であることが文脈上分かりにくい場合には、ノダを伴う文にすることが義務的になる。

　以上のような継続相アスペクト形式のみならず、一時的な滞在を表す存在文や状態を表す形容詞述語文も、前文が表す事象との間で〈同時〉の時間関係を形成する。したがって、継続相形式と同様に、義務的な場合とそうではない場合がでてくる。
　次の場合は、ノダを伴う文にしないと、前文が表す事象との時間的共起(併

存）の関係になってしまう可能性が高い。ノダを伴う文にすることによって、「富樫が足を止めていた」ことの原因・理由を明示できる。

- 畔の端で、富樫は足を止めていた。目の前に、小さな白い起伏があったのだ。それも、まるで人形のような起伏が—。（ホワイトアウト）

　また、次のように一時的な〈状態〉を表す形容詞述語文も〈同時〉を表す。次の例では、ノダを伴わなくても、前文が表す事象に対する〈原因・理由の説明〉になっている。「嬉しかったのだ」「眠いだけでなく空腹でもあったのだ」にしてもよいが、因果関係が理解できるため、ノダを伴う文にすることは義務的ではない。

- 「そうか、戻っていたのか」
院長は戻ってきた少年をあたたかい目でみた。脱走した少年が自分の意志で戻ってきたことが院長には嬉しかった。（冬の旅）
- （前略）庭野はひるまず、低い声でボーイを叱りつけ、コーヒーを運ばせた。はるか上座から、池内通産大臣の目が光ったようであったが、庭野は、それにも挑むように、さらに、コーヒーのお代わりを要求した。眠いだけでなく、空腹でもあった。（官僚たちの夏）

　このように、物語の時間的流れを前進させていく完成相アスペクト形式に比べて、物語の時間の流れをとめて同時的な事象を表す継続相アスペクト形式や存在文、形容詞述語文では、ノダを伴う文にすることが義務的ではない場合が多くなってくると思われる。この傾向がさらに強くなるのが、次に述べる〈恒常的事象〉や〈反復習慣的事象〉を表す場合である。

4.　時間的限定性の無い事象と説明の構造

　以上は、動詞述語文の完成相アスペクト形式であれ継続相アスペクト形式であれ、あるいは存在文や形容詞述語文であれ、すべて時間のなかに現象す

る〈一時的な個別具体的な事象〉を表す文の場合であった。

　小説の地の文では、次に示すような時間的限定性の無い〈恒常的事象〉を表す文もでてくる。〈恒常的事象〉を表すは、典型的には名詞述語文、形容詞述語文である。動詞述語文における〈反復習慣的事象〉を表す場合も、特定の時間における個別具体的な事象を記述描写しているのではないという点では〈恒常的事象〉と共通する。これらの場合も、ノダを伴う場合と伴わない場合がある。なお、名詞述語文の機能については佐藤2001において詳細な分析がなされている。

　次の場合、ノダを伴う文は、前文が表す個別具体的な事象に対して、〈一般的観点からの説明〉を行っていると言えよう。

- 街のビヤホールは若い人たちで賑わっていた。その店に坐ると、小野はいらいらし、そして相好を崩した。もともと酒好きな男なのだ。初夏のビールには一番適した季節だった。小野は大きなコップを息もつかずに飲み、2杯目もたちまち飲み干し、3杯目になって眼に涙を浮かべた。　　　　　　　　　　　　　　　　　　　　（青春の蹉跌）
- 表通りをわざとさけて住宅地に入ると、ぼくはサツマイモのあげたのを取り出して食べながら歩いた。温かいうちは、なまじっかな焼きイモよりもうまいのである。　　　　　　　　　　　　（若葉学習塾）
- 食後、誠吉は洗面所に立ち、薬を飲んだ。沖田医師が出してくれた経口モルヒネを、12時間おきに飲んでいるのである。抗癌剤は一日で止めにした。吐き気に襲われ、とても仕事にならなかったからである。　　　　　　　　　　　　　　　　　　　　　（樹下の想い）

　以上の3つの例は、ノダを伴わない文にしてもよいと思われる。実際、次のようなノダを伴わない文の例がある。前文が表す個別具体的な事象に対する一般的な観点からの説明をしている点では同じである。したがって、「仰山な表情をしたがる女であったのだ」「柔道5段だったのだ」「ロシア語に堪能であったのだ」「呼んでいたのだ」としてもよい。5番目の例では、「いつも別人のようになって憤った」が〈反復習慣的事象〉を表して、前文が表す

事象を説明しているので「憤ったのだ」にしてもよいが、むしろ、ノダを伴わない方が適切かもしれない。

- 「実はこの間島田に会ったんですがね」
  「へえ何処で」
  姉は吃驚したような声を出した。姉は無教育な東京ものによく見るわざとらしい仰山な表情をしたがる女であった。　　　　　（道草）
- ドイツ将校は、反抗の気構えを示したのでその書記官は相手の胸ぐらをつかみ、外刈りで庭にむかってなげとばしてしまった。書記官は、柔道5段だった。　　　　　　　　　　　　　　　（坂の上の雲）
- そのあと東郷は長官公室でネボガトフたちと会見した。通訳には、真之の先輩のなかでかれともっとも親しい一等巡洋艦浅間の艦長八代六郎大佐があたった。八代は明治28年から4年間ペテルブルグの駐露公使館付武官をしていてロシア語に堪能であった。
  　　　　　　　　　　　　　　　　　　　　　　（大本営が震えた日）
- 「兄さん、いらっしゃい」
  とお延は正太に挨拶した。従兄妹同士の間ではあるが日ごろ正太のことを「兄さん、兄さん」と呼んでいた。　　　　　　　　（家）
- 「一番だった言ったって、浪人してるじゃないか」
  瞬間、増田は小林に飛びかかって行った。兄の悪口を言われると、増田はいつも別人のようになって憤った。　　　　　　（夏草冬涛）

〈恒常的事象〉や〈反復習慣的事象〉を表す場合には、ノダを伴わない場合の方が多い。時間が抽象化された恒常的事象や反復習慣的事象とは、思考によって一般化された事象であるため、特定の時間に現象する個別具体的な事象に対して〈一般的な観点からの説明〉という機能を発揮することになるからである。この場合は、前文が表す個別具体的な事象のみならず、次のように、後文が表す個別具体的な事象に対する説明も行うことができる。

- 乾杯が済み、料理が運ばれてきた。西岡はもともと、そつのない男

だ。松本先生のために、さっそく前菜を小皿にとりわけた。先生の苦手なピータンを、ちゃんとよける気づかいを見せている。（舟を編む）
- メロスは単純な男であった。買い物を、背負ったままで、のそのそ王城にはいって行った。たちまち彼は、巡邏の警史に捕縛された。調べられて、メロスの懐中から短剣が出て来たので、騒ぎが大きくなってしまった。メロスは王の前に引き出された。　　　（走れメロス）
- ある朝、霞ケ関の三年町の坂を上っていくと、課長が前を歩いていく。役所でいつも威張りくさっている課長が、自分より下に見える。馬の脚は、人間よりは早い。やがて課長と並び、いよいよ追い抜くことになった。　　　　　　　　　　　　　　　　　（小説・吉田茂）
- 「なにかございましたのね」
  夫が不機嫌なときはすぐわかる。澄江は夫をなだめるような口調で聞いた。　　　　　　　　　　　　　　　　　　　　　　（冬の旅）

次の例では、前文と後文が表す事象への説明になっていると言えよう。

- 風越の怒りは消え、みずみずしい元気がよみがえってきた。もともと、風越は気分の転換が早い。風越は、大きく手をふって歩きながら、しゃべった。　　　　　　　　　　　　　　　（官僚たちの夏）

下記のようなノダを伴う文も、前文のみならず後文が表す事象に対する説明になっているとも解釈できる。ただし、ノダを伴う文は、前文が表す事象への説明になるのが基本的である。

- 街のビヤホールは若い人たちで賑わっていた。その店に坐ると、小野はいらいらし、そして相好を崩した。もともと酒好きな男なのだ。初夏のビールには一番適した季節だった。小野は大きなコップを息もつかずに飲み、2杯目もたちまち飲み干し、3杯目になって眼に涙を浮かべた。　　　　　　　　　　　　　　　　　　　（青春の蹉跌）

以上から、次のような傾向があることが分かる。時間のなかに現象する個別具体的な事象を描写するのではない〈恒常的事象〉〈反復習慣的事象〉を表す文は、ノダを伴っても伴わなくても〈一般的な観点からの説明〉をする機能がある。そして、ノダを伴わない文の方が、前文が表す事象のみならず後文が表す事象も説明できることから使用頻度が高いと思われる。

5. 時間関係と強調の機能

ノダを伴う文には〈強調〉の機能があるとも言われてきている。奥田1990で指摘されているように、〈かたり〉において物語展開上の重要な事象であるという強調の機能があると思われるが、この機能には、少なくとも2つのタイプがありそうである。

（1）第1のタイプは、次のような場合である。次の2つの例を比べられたい。どちらも井上靖の小説『額田女王』からの引用である。

a) 額田はこの観月の宴の前まで、そこに出席するかしないか、心に決めかねていた。ところが、前日になって、十市皇女が久しぶりで観月に額田に会うことを楽しみにしているということを伝えてきた。この一言で、額田の心は決まったのであった。　　　　　　　　　（額田女王）

b) そうした額田にとって、恐らく耐え難いほど哀しかったであろうと思われる事件が起こったのは、天武天皇の7年の4月である。斎宮において神祇を祀るための行幸があって、まさに鹵簿が発しようとしている時、俄かに王宮において、十市皇女は病を発して薨じた。このためこの日の行幸はとりやめになった。　　　　　　　　（額田女王）

上記の例はどちらも、前文が表す事象との時間関係は〈先行―後続〉のままであり、因果関係上も前文が表す事象の〈結果〉を表している。したがって、ノダを伴なう文にしなくてもいいのであるが、a)では、ノダを伴う文になっており、b)では、ノダは伴っていない。この違いは、強調の有無にある

と思われる。

　最初の例では、なかなか会うことができない実の娘である十市皇女に会う決意をするという主人公にとって重要な事象であることを明示するために、ノダを伴う文になっていると考えられる。この例では「ノデアッタ」という形式になっているが、「ノデアル」にしても文法的な機能上の違いはない。2番目の例では、額田女王が主人公である物語の展開上重要なのは点線を引いた「十市皇女は病を発して薨じた」の方であろう。したがって、〈結果〉を表す「行幸はとりやめになった」は、ノダを伴う文にはなっていない。

　次の場合は、物語の展開上重要な事象とまでは言えないかもしれないが、少なくとも引き起こされた結果としての事象が普通は起こらない特別な事象であるとは言えよう。

- （前略）彼女は、夫の浮気とそれによる家庭内のゴタゴタからノイローゼ気味になった。ひとり息子は地方の大学に合格し、家を離れていた。彼女は孤独で、相談相手もなく、気晴らしの方法も知らなかった。あるとき、テレビドラマで火災の場面を見て、妙にすっとした。もっと大きな火を、もっと間近で見たならば、もっとすっとするのではないかと思いついた。その結果、全部で6件の小火を起こしたのだった。　　　　　　　　　　　　　　　　　　　　　　（クロスファイア）

　以上は、すべて「先行する原因となる事象（前文）―後続する結果としての事象の強調（後文）」という構造になっている。ノダを伴う文とノダを伴わない文とでは時間関係上も因果関係上も違いは無いにも関わらず、ノダを伴う文にする場合には〈結果の強調〉という機能がでてくると考えられる。

　(2) 第2のタイプは、前文との間に〈結果の強調〉という機能が無い場合である。次の例では、前文の「帰宅した」と後文「母の叫び声が聞こえてきた」との間には〈継起〉の時間関係はあるが〈因果関係〉はない。直接的な因果関係があるとすれば、前文が表す事象ではなく、破線で示した後文「廊下を奥に走った」との間にあると言えよう。

- 安穏寺は小さな寺であった。しかし、寺のたたずまいはいつも彼の心をやわらげてくれた。<u>この日、彼は午前中で授業を終え、いつものように安穏寺を通って帰宅した。腹がへった、なにかしらえてあるだろう、と思いながら玄関をあけたとき、奥から母の叫び声がきこえてきたのである。</u>
　行助は咄嗟に式台にカバンを投げ出し、<u>廊下を奥に走った。</u>そして茶の間の襖をあけたとき、彼は息をのんだ。　　　　　　（冬の旅）

　このような場合も、ノダを伴わなくても時間関係は崩れない。しかしながら、ノダを伴う文になっている理由としては、物語展開上の重要な事象を示すという機能にあるのではないかということが考えられる。この『冬の旅』という小説は主人公である「行助」をめぐる少年院における少年たちの友情と自己格闘を描いた物語であり、このあと、美しく優しい母を義兄が凌辱しようとする現場を目撃して義兄を刺し、少年院に送られることになるのである。したがって、この部分からだけでは、この文になぜ「ノダ」が伴っているか理解しにくいであろう。この意味で、このようなノダを伴う文の使用には〈書き手〉が顔を出してきていると言えるかもしれない。
　次の例では、前文との関係のみならず後文との関係においても〈継起〉の時間関係しか読み取れない。ただ、物語全体としては、この小説の主人公の今後の運命を決める事象であるとは解釈できるかもしれない。

- 「パリにもバーゼルにもプラハにも内々に話はつけた。あとはニューヨークだけ…」
　独り言のようにつぶやいてから、<u>高野は、ゆっくりと顔を上げて織絵を見た。</u>そして<u>言ったのだった。</u>
「早川さん。私たちの最後の切り札は、あなたなんです」
　<u>織絵は、銀縁眼鏡の奥に光る目を凝視した。</u>ここまで事情説明を聞かされてなお、この男たちが自分に何を望んでいるのか、さっぱり理解できなかった。
「<u>冒頭でもちらりと申し上げましたが</u>―あなたがよくご存じなはず

の、MoMAのチーフ・キュレーター、ティム・ブラウン。彼が、指名してきたんです。あなたを本件の交渉の窓口にせよ、と」

(楽園のカンヴァス)

　少なくとも、以上のような〈先行―後続〉という時間関係が変わらない場合に「したノダ」という文があると〈強調〉という機能がでてきやすいと思われる。
　このように考えると、冒頭に示した『山椒大夫』の例の場合も、「していた」形式にノダが伴っているのではあるが、生き別れになった母子の再会につながる物語展開上の重要な事象であるという強調の機能が働いているとも考えられる。前文が表す事象との関係では原因・理由を表すのであるが、この因果関係は「ノダ」が無くても提示できる。しかし、ノダを伴う文になっているのは、最後の文が表す「二人はぴったり抱き合った」という結末に導く事象であるという強調の機能があるからだとも解釈できる。再掲なので簡略化して示す。

　　正道はなぜか知らず、この女に心が牽かれて、立ち止まって覗いた。(中略)そのうち女のつぶやいている詞が、次第に耳に慣れて聞きわけられて来た。それと同時に正道は瘧病のように身内が震って、目には涙が湧いて来た。女はこう云う詞を繰り返してつぶやいていたのである。
　　　安寿恋しや、ほうやれほ
　　　厨子王恋しや、ほうやれほ
　　　鳥も生あるものなれば、
　　　疾う疾う逃げよ、遂わずとも。
　　正道はうっとりとなって、この詞に聞き惚れた。そのうち臓腑が煮え返えるようになって、獣めいた叫びが口から出ようとするのを、歯をくいしばってこらえた。たちまち正道は縛られた縄が解けたように垣のうちへ駆け込んだ。(中略)
　　「厨子王」という叫びが女の口から出た。二人はぴったり抱き合った。

(山椒大夫)

以上から、必ずしもノダを伴う文にしなくてもいい場合に、ノダを伴う文にする際には〈強調〉の機能がでてきやすいのではないかと思われる。

そして重要なことは、ノダを伴う文の使用においてこのような複数の機能があっても不思議ではない点である。1つは〈前文の事象〉との直接的な関係づけ(ローカルな関係づけ)であるが、もう1つは〈物語全体〉における事象の関係づけ(マクロな関係づけ)である。

6. おわりに

(1)最後に次の2点を補足しておきたい。

第1には、次のようなノダを伴う文の使用例がある。「飼ったというよりは」という部分から分かるように、前文が表す「飼った」という言語形式に対して、より正確な表現形式「押しつけられた」を提示していると言えよう。前文とノダを伴う文との関係は〈事象自体の関係〉ではなく、ここでのノダを伴う文の機能はメタ言語的な機能である。小説の地の文にはこのようなノダを伴う文もある。ここでは小説の書き手(あるいは語り手)が直接顔を出して説明をしていると言えるかもしれない。このような使用は、〈別の観点からの説明〉からの発展であろう。

- 童話作家になった沼田は犀鳥という奇妙な鳥を飼ったことがある。飼ったというよりは、近くの町のデパートで淡水魚や小禽の販売店を出している親爺に押しつけられたのだ。　　　　　　　　（深い河）

第2には、小説の地の文には、登場人物の〈内的独白〉あるいは〈意識の流れ〉を提示している部分がある。最初の例では、内的独白であることが（　）の使用で明示されているし、2番目の例では、前文の「思い出した」が内的独白であることを示している。3番目の例では「みつけるんだ」という形式が内的独白であること(地の文ではないこと)を示している。

- 老婆はあたふたと奥へ消えた。玄関はしんと静まり返っている。三和

土には幅広く大きな頬闊の下駄が1つだけある。女物や華やいだ感じ
　　のものは何一つない。
　　（先生はまだお一人なのだ）
　　辺りを見廻しながら、吟子はかすかな安堵を覚えた。　　（花埋み）
- 千晶は先ほど聞いた、掘削機のような音を思い出した。あれは、トン
　ネル内に爆薬を仕掛けるため、壁に穴を開ける音だったのだ。
　　　　　　　　　　　　　　　　　　　　　　　　（ホワイトアウト）
- ティムは、全神経を集中して、最後のページをもう一度読んだ。この
　ページに、重大な何かが隠されているかもしれない。それを、みつけ
　るんだ。　　　　　　　　　　　　　　　　　　（楽園のカンヴァス）

　登場人物の内的独白の提示部分では、次のようにノダを伴う文が連続することもある。

- 彼女は少し仰むくようにして、両手をだして、わずかこちらに進んだ。
　桃子は愕然として気がついた。おばさんは目が見えないのだ。目が悪
　いとは聞いていたが、しばらく文通を怠っていたうちに本当の盲目に
　なってしまっているのだ。もう一度、相手は言った。（楡家の人びと）

　登場人物自体の内的独白の提示部分では、ノダを伴う文は、話し言葉に近いと言えよう。したがって、ノダを伴う文の意味・機能を考察するにあたっては、複数の文が形成するディスコースあるいはテクストのタイプを考慮して分析していく必要があると思われる。本章が対象としたのは、小説の地の文のなかで登場人物の内的独白を提示する部分を除いた、複数の文が表す事象の時間構造が重要なテクストのタイプであった。

(**2**) 以上の点を踏まえて、まとめると、1)～6)のようになる。
1) 小説の地の文という事象の時間的展開を表現する〈かたり〉における
　「ノダを伴う文」には、少なくとも次の2つの大きな機能がある。1つ
　は、前文が表す事象を条件づける事象、典型的には原因・理由を提示

して説明するという機能であり、もう1つは前文が表す事象に対する別の観点（異なる観点）を提示して説明するという機能である。

2）このような複数の文の間の因果的な、あるいは論理的な関係は、「ノダ」を伴わなくても表現できるため、どういう構造の場合に「ノダを伴う文」にする必要があるかが重要になってくる。これは、絶対的な規則であるというよりは相対的な傾向である。時間関係が変わらず、日常的な常識や文脈から因果的、論理的な関係が推測・判断できる場合には、ノダを伴わなくてもよいのである。

3）完成相のアスペクト形式は、個別具体的な事象を表し、ノダを伴わないかたちで〈先行する事象―後続する事象〉という生起順序を表す。したがって、前文が表す事象に対して時間的に先行する原因・理由を提示したり別の観点から説明する場合には、「ノダを伴う文」の義務性が強い。

4）一方、時間が抽象化され、思考による一般的判断を表すポテンシャルな〈恒常的事象〉〈反復習慣的事象〉の場合には、ノダを伴う文よりも「ノダを伴わない文」の方が使用頻度が高い。ノダを伴わない文は、前文が表す事象のみならず、後文が表す事象に対しても〈一般的観点からの説明〉を行いやすいためである。

5）前文が表す事象との時間関係において〈同時〉を表す継続相のアスペクト形式、形容詞述語文、存在文の場合は、両者の中間的な使用実態になって、義務性が強い場合もあればそうではない場合もある。〈同時〉を表すこれらの文は、一時的な個別具体的事象を表す点では完成相のアスペクト形式と共通する一方、時間の流れをとめるという点ではポテンシャルな恒常的事象や反復習慣的事象と共通する。

6）「ノダを伴う文」には物語展開上の重要な事象であるという〈強調〉の

機能もあると考えられる。強調の機能は、前文との時間関係が変わらない場合に前面化する。また、前文との関係だけではなく、物語全体における「ノダを伴う文」の意義づけが必要になってくる場合もある。

　本来的には、話し手と聞き手の相互行為としての〈はなしあい〉が基本的な言語活動であるため、ノダを伴う文の考察にあたっては〈はなしあい〉の場合から出発しなければならない。しかし一方では、母語話者であってもノダを伴う文にすべきかどうか、逆に言えば、ノダを伴わない文にした方が適切ではないかと推敲しなければならない深刻さがでてくるのは書き言葉の方であるとも言える。本章では、ノダを伴う文の意味・機能について、小説に限定して考察した。奥田 2001a にあるように、はなしあいの場合に比べて、小説の地の文の場合は、意味・機能の限定化が起こるとともに、論理的には精密なものへと発展しているとも言えよう。論述文におけるノダを伴う文の使用実態についても今後の課題である。

　ノダを伴う文は、単純に言ってしまえば、場面・文脈への依存性が高く、いわばプラグマティクスと構文論（文論）とがきりむすぶような領域にあると言えるのだが、重要なことは〈複数の事象間の関係づけ〉を担う〈機能〉を有していることである（この点については補部の第 2 章も参照されたい）。

　この複数の事象間の関係づけは、1 つの文へ複数の事象を〈統合化（integration）〉する複文においても本質的な重要性を持ってくる。その〈統合化〉の諸相について、続く第 II 部の各章で述べていく。

注
1　三上章 1953 は、「何々シタ」を単純時、「何々シタノデアル」を反省時と名付けた上で次の点を指摘している。これは、「ノダを伴わない文」との関係のなかで「ノダを伴う文」の特徴（機能）を先駆的に指摘したものであると言えよう。
　① 単純時でＡＢＣと言い続ける時、その出来事の時間的前後関係は
　　　$A \geqq B \geqq C$

という一方的な等式で表されるが、最後のCが反省時におかれると、
$$A \geqq B \leqq C$$
というふうにそこで前後が逆転する。英語の to have done の形であり、時によって has done に当ることもあれば had done に当ることもある。
② 半ば理由づけ（ムウド的）であり、半ば完了（テンス的）である。

本章では、三上が、単純時としたものを〈記述の文〉、反省時としたものを〈説明の文〉として分析する。また、反省時は、上述の場合に限られるわけではないことを述べる。

第Ⅱ部

複文と時間表現

第4章
従属複文における相対的テンスとタクシス

1．はじめに

　(1)現代日本語の動詞述語(「いる、ある」のような一部の動詞を除く)の終止形には、基本的に、「スル」「シタ」「シテイル」「シテイタ」の4つの文法的形式がある。そして、単文や主文の述語では、〈発話行為時〉を基準として〈以前(過去)―非以前(非過去)〉というテンス的意味の違いと、〈継続―完成〉というアスペクト的意味の違いを表し分ける。なお、シテイル形式には〈動作継続〉と〈結果継続〉の2つの場合があるが、どちらも継続的にとらえる点では共通している。これに対し、〈完成〉は、動作・変化を、非継続的に、つまりは限界づけてひとまとまり的にとらえる。

	完成	継続
非過去	スル	シテイル
過去	シタ	シテイタ

　言語活動の基本的単位は発話としての文であるが、この文には、1つの事象をとらえている〈単文〉と、複数の事象が統合化されている〈複文〉がある。1つの文に複数の事象が統合化される〈複文〉においては、〈複数の事象間の時間関係〉を表すことが必要不可欠となる。このような〈複数の事象間の時間関係〉を表すためにも、スル、シタ、シテイル、シテイタという4つの形式はその機能を発揮すると考えられる。

まず、次の例を見られたい。最初の文（単文）では「来た」が〈発話行為時以前〉であることを表している。一方、3番目の従属複文の「来る」は、主文の述語である「知っていた」を基準点として〈主文の事象時以後〉を表している。

- 「いつ、来たんだね」
「はあ、昨日、つきました」
「ああ、そうか。君が来ることは、日本からの便りで知っていたが。そりゃあご苦労さまでした」 　　　　　　　　　　　　　　（留学）

既に指摘されているように（また第1章でも述べたように）、従属節では、「シタ―スル」のテンス対立が、〈発話行為時〉を基準点とする〈発話行為時以前―以後（非以前）〉の時間的位置づけの違いではなく、〈主文の事象時〉を基準点とする〈事象時以前―事象時以後（非以前）〉という時間的位置づけの違いとなり、主文の事象との時間関係を表すようになることが起こる。〈非終止〉という〈構文的機能〉のもとで、発話行為時を基準点とする〈絶対的テンス（absolute tense）〉（ダイクティックなテンス）から、主文の事象時を基準点とする〈相対的テンス（relative tense）〉へと変容するわけである。

一方、次のような従属複文では、以上のような〈相対的テンス〉とは違ったかたちで、複数の事象間の時間関係が表現されている。「帰ると」は、「出た」という主文の事象時を基準点にして「以後」を表しているわけではない。主文の事象「出た」との時間関係は、〈先行―後続〉という〈継起（sequentiality）〉である。

- 「ハツ子さんが帰るとすぐ、あなたも家を出たのですね」菊池弁護士はたたみかけるように、きいた。 　　　　　　　　　　　（事件）

「スルト」形式には、テンスは無いが、「スルト―シテイルト」のアスペクト対立はある。次のように、従属節の事象が「話しこんでいると」のように〈継続〉を表すアスペクト形式である場合には、主文の事象「戻ってこられ

た」との時間関係は〈同時(simultaneity)〉になる。

- 「今日もここで話しこんでいると、偶然にも熔子さんがイズニクに戻ってこられた。こんな田舎の街で日本人の女性に会えるのはラッキーだと仰有って」　　　　　　　　　　　　（イスタンブールの闇）

このように、「スルト―シテイルト」における〈完成―継続〉のアスペクト的意味の違いは、〈継起―同時〉という複数の事象間の時間関係の違いとして現れる。このような、複数の事象間の〈時間的順序性〉の違いを、〈タクシス(taxis)〉といっておくことにする（奥田 1993–1994、工藤 1995）[1]。

(2) これまで、複文における時間関係と言えば、相対的テンスの問題に焦点があたってきた。しかし、アスペクトも、複文における事象間の時間関係に深く関与しており、「スルト」のようにテンスが無い形式では、〈アスペクト〉が事象間の時間関係の違いを表し分けるという機能を発揮する。

従属複文における複数の事象間の時間関係には 2 つのタイプがあると思われる（「昨日は雨が降ったが、明日は晴れる」のような、従属複文ではない場合は除く）。

	【相対的テンス】	【タクシス】
時間関係	主文の事象時以前	継起
	主文の事象時以後	同時
表現手段	テンス形式	アスペクト形式

以上のように、複数の事象の時間関係の違いが、テンス形式とアスペクト形式では、異なるかたちで表し分けられる。

本章では、従属複文における相対的テンスとタクシスについて考察する。

まず、次の第 2 節では、ノ、コトを伴って名詞相当の機能を果たす従属節における相対的テンスのありようを考察する。続いて、第 3 節では、「スルト」形式、「シタラ」形式による従属複文におけるタクシスのありようを考

察する。そして、第 4 節では、相対的テンスとタクシスの共通点と相違点を考察する。第 5 節では、アスペクト以外のタクシスの表現手段について触れる。

2. 事象名詞節と相対的テンス

2.1 事象名詞節の 3 つのタイプ

　次の例の「君が来ること」「蕎麦屋に行くこと」「境が食べるの」のように、コト、ノを伴って名詞相当の機能を担う従属節における相対的テンスのありようを考察する。このようなタイプの従属節を〈事象名詞節〉と呼んでおく。事象名詞節は、補語としても主語としても機能するが、ここでは〈補語〉として機能する場合に焦点をあてる[2]。

- 「いつ、来たんだね」
「はあ、昨日、つきました」
「ああ、そうか。君が来ることは、日本からの便りで知っていたが。そりゃあご苦労さまでした」　　　　　　　　　　　　　（留学）
- 根見子は、蕎麦屋へ行くことを提案した。　　　（若い詩人の肖像）
- 浜田はコーヒーを飲みながら、境が食べるのを見物した。　（暖流）

　ノ、コトを伴う事象名詞節の動詞（非終止形）では〈相対的テンス化〉が起こるが、その相対的テンス化のありようには、〈主文の動詞のタイプ〉によって、大きくは、3 つのタイプがあると思われる[3]。

1) スル形式とシタ形式が、主文の事象時を基準点とする〈以後―以前〉の相対的テンス対立になる場合。
2) スル形式が主文の事象時を基準点として〈以後〉を表す場合。この場合には、シタ形式が使用されることは無い。
3) スル形式が主文の事象時と〈同時〉を表す場合。シタ形式は、主文の事象時を基準点とする〈以前〉を表さず、使用される場合にはダイク

ティックな(絶対的)テンスになる。

1) は、主文の動詞が、「言う、知る、喜ぶ」のような、言語・思考活動、認知・発見活動、感情・評価を表す動詞の場合である[4]。

  言語・思考活動動詞：言う、話す、伝える、教える、知らせる、
        発表する、考える、理解する、思う、
        わかる
  認知・発見活動動詞：知る、気づく、発見する、思い出す、
        認める
  感情・評価動詞：喜ぶ、悲しむ、驚く、同情する、恐れる、
       感謝する、怒る

2) は、主文の動詞が、「命令する、約束する、決意する」のような、意志的なモーダルな意味を表す場合である。

  命じる、依頼する、要求する、許す、奨める、提案する、
  約束する、期待する、決意する、願う、望む

3) は、主文の動詞が、「見る、聞く」のような知覚活動を表す場合である。

  見る、ながめる、みかける、目撃する、見物する、聞く、感じる

以下、順番に見ていく。

2.2 スル形式とシタ形式が相対的テンス対立になる場合

　主文の動詞が、言語・思考活動、認知・発見活動、感情・評価を表す場合には、a) スル形式と b) シタ形式は、主文の事象時を基準点として〈以後―以前〉で対立する。したがって、下記の例において、スル形式をシタ形式に、逆に、シタ形式をスル形式に言い換えると、時間的意味が違ってきてしまう[5]。

 a) スル形式〈以後(完成相)〉
  ・「私が今日マドリッドに来ることを、あなたが彼に伝えたのですか？」
  　アダは静かに首を横に振った。

- 「いいえ。(後略)」 (暗幕のゲルニカ)
- 「おまえが金沢を出てこの船に乗ることは、既に調べてわかっていた。(中略)偶然の道連れさ」 (朱鷺の墓)
- それから澄江は、行助が宇野の籍から離れることを話した。(冬の旅)
- 彼は今日、東京少年鑑別所から7人の少年が少年院に送致されてくるのを知らされていた。 (冬の旅)

b) シタ形式〈以前(完成相)〉

- 「阿部さんがいらした時に、なぜ記録を調べたことを大塚弁護士はおっしゃらなかったのでしょう？」 (霧の旗)
- (前略)当時発掘にあたった人々は、ほぼ完全なかたちを留めた古代都市が発見されたことに、さぞや驚いたにちがいない。(いちまいの絵)
- 見ると、そのくちばしにオリーブの若葉をくわえていた。ノアは、地から水が引いたことを知った。 (聖書物語)
- この友人が死んだことを僕はあまり悲しまなかった。
(若き日の思い出)
- 浦井と兄とは、安吉が宇野から伴で来たことに驚いていた。
(歌のわかれ)
- 一人になった山上は苺ミルクを食べたことをひどくいまいましく思ったことだろう。 (霧の旗)
- (前略)梨花さんが泉ケ原さんのいる時にやってきて、私と泉ケ原さんを前に、森宮さんと籍を入れたこと、そして私を引き取りたいことをものすごく簡潔に話した。 (そして、バトンは渡された)

　事象名詞節の動詞述語がシテイル形式とシテイタ形式の場合もある。この場合では、次のように、主文の事象時を基準点として〈同時―以前〉の相対的テンス対立になる。

c) シテイル形式〈同時(継続相)〉
- 「(前略)右手の手袋は、帰ってから紛失していることを知りました。

どこで落としたのかわかりません。あとで、それが死体のそばにあったと聞いてびっくりしました」　　　　　　　　　　　　（霧の旗）
- なにげなく窓の外を眺めた彼は、街道を一匹の猫が歩いているのを発見した。　　　　　　　　　　　　　　　　　　　　（パニック）

d) シテイタ形式〈以前(継続相)〉
- 重松はシゲ子が手を放してから、自分が手を引かれていたことに気がついた。　　　　　　　　　　　　　　　　　　　　（黒い雨）
- （前略）卒倒から回復した私は夢を見ていたことに気づいただけだった。　　　　　　　　　　　　　　　　　　　　　（夢日記）
- 食事をしながら人々は、前々日ウェリントンがブラッセルのリチモンド侯爵夫人の家の舞踏会に行っていたことを話した。
　　　　　　　　　　　　　　　　　　　　　　　　（レ・ミゼラブル）

以上をまとめると次のようになる。〈主文の事象時〉を基準点として次のような相対的テンス対立になると言えよう。

　　　　スル〈以後(完成相)〉　　シテイル〈同時(継続相)〉
　　　　シタ〈以前(完成相)〉　　シテイタ〈以前(継続相)〉

2.3　スル形式が以後を表す場合

　主文の動詞が、命令、要求、提案、奨め、約束等のような意志的なモーダルな意味を表す場合は、主文の事象時を基準点として〈以後〉を表す。シタ形式が使用されることはない。

- 俊介は日頃の職務をとかれてネズミと全面的に取組むことを命じられた。　　　　　　　　　　　　　　　　　　　　　　（パニック）
- 2日午前2時50分、松野議長は根本官房長官に対し、五百名の警官を派出してくれることを要求した。　　　　　　　（人間の壁）
- 根見子は、蕎麦屋へ行くことを提案した。　　（若い詩人の肖像）

- 彼は私にこのエジプト第一の海港を散策することを奨めた。

(笹まくら)
- 私は永久子さんと、そして、しのぶさんにも帽子を届けることを約束した。

(山女日記)
- 「僕は永いあいだ、あなたと結婚することを願っていました」

(自分の穴の中で)

2.4 スル形式が同時を表す場合

(1) 主文の動詞が知覚活動を表す場合には、上記の場合と違って、スル形式は、以後ではなく、主文の事象時との〈同時〉を表す[6]。

- 「夜中に、勇ちゃんは、外に出て、ハーモニカ吹いた？僕は、夜中に、ハーモニカの鳴るのを聞いたよ」 (雪の中)
- 「(前略)その方をお見送りに東京駅のホームに八重さんと二人で行ったのですが、偶然、お時さんとその男の人が特急列車に乗るのを見かけたのです」 (点と線)
- 「伯母さんはまだ帰っていないんだ」

洪作が言うと、

「さっき帰って来た。俺、小母さんが家へはいって行くのを見た」

(夏草冬涛)
- ルースのプロポーザルに聴き入るうちに、バルドの目の色がみるみる変わるのを瑤子ははっきりと見た。 (暗幕のゲルニカ)
- 行助は背中が反るのを感じた。 (冬の旅)

次のように、シタ形式が使用されることもあるが、主文の事象時との時間関係は〈同時〉であり、スル形式に言い換えることができる。この場合のシタ形式は、主文の事象時を基準点とする「以前」の意味ではなく、発話行為時を基準点とする〈ダイクティックな(絶対的)テンス〉の意味である。

- 「20日の晩のその時刻に、30歳ぐらいの洋服の男と、24歳ぐらいの

防寒コートを着た和服の女の連れが、駅から出てきたのを見ませんでしたか？」　　　　　　　　　　　　　　　　　　　（点と線）
- 「でも、光一さんがはいって来たのは、ちゃんと見てたのよ」
　　　　　　　　　　　　　　　　　　　　　　　　　　（女であること）

　シテイル形式も〈同時〉を表す。このシテイル形式をシテイタ形式に言い換えることができるが、その場合は、発話行為時を基準点とするダイクティックな(絶対的)テンスの意味になる。

- 「この間、君がハンサムな青年といっしょに或るところを歩いているのを見かけたよ」　　　　　　　　　　　　　　　　　　（霧の旗）

　次のシテイタ形式は、シタ形式と同様に、発話行為時を基準点とするダイクティックな(絶対的)テンスの意味である。シテイル形式に言い換えることができる。

- 「お顔がよく似ていらっしゃいますもの。あの土間の暗いところにお立ちになっていたのを見て、私、はっと思ったわ。直さんかと」
　　　　　　　　　　　　　　　　　　　　　　　　　　　　　（斜陽）
- 「(前略)それに、前に一緒に飯食ってたのも老人会の誰かに見られていたみたいなんだ。だから、俺と三島さんが付き合っていると勘違いしたらしい」　　　　　　　　　　　　　　　（52ヘルツのクジラたち）

以上をまとめると、次のようになる。

① 主文の動詞が知覚活動を表す場合は、事象名詞節の動詞は、スル形式であっても〈同時〉を表す。シテイル形式も同時を表す。
② シタ形式やシテイタ形式が使用された場合には、発話行為時を基準点とする〈以前(過去)〉の意味になる。

(2) 以上のように、スル形式もシテイル形式も〈同時〉を表すのだが、その場合、両形式のアスペクト対立がある場合となくなる場合がある。
　まず、次のように、シテイル形式が〈結果継続〉を表す場合には、スル形式に言い換えるとアスペクト的意味が変わる。

〈結果継続・同時〉
- その擦り傷の血の滲んだ所に 2 匹の蠅が止まっているのを見た。
　　　　　　　　　　　　　　　　　　　　　　　　　　（九月一日）

〈完成・同時〉
- その擦り傷の血の滲んだ所に 2 匹の蠅が止まるのを見た。

　逆に、次のスル形式をシテイル形式に変えると〈結果継続〉の意味に変わる。

〈完成・同時〉
- 「(前略)その方をお見送りに東京駅のホームに八重さんと二人で行ったのですが、偶然、お時さんとその男の人とが特急列車に乗るのを見かけたのです」　　　　　　　　　　　　　　　　　　　　（点と線）
- 行助は背中が反るのを感じた。　　　　　　　　　　　（冬の旅）

〈結果継続・同時〉
- (前略)偶然、お時さんとその男の人とが特急列車に乗っているのを見かけたのです。
- 行助は背中が反っているのを感じた。

　一方、シテイル形式が〈動作継続〉を表す場合には、スル形式に言い換えることが可能である。以下のシテイル形式を「取り除くの」「教えるの」に言い換えても時間的意味は変わらない。

- 自分が指で茶碗の中から茶柱を取り除いているのを夫は見ていたに違

- エミリー嬢が英語を<u>教えているの</u>を、エミリー所有と横文字で書いた運動靴をはいて、伊佐は廊下で聞いていた。（アメリカン・スクール）

逆に、次のスル形式をシテイル形式に言い換えることができる。

- 硝子窓から、藤の花の散る人影のない小路を見下ろしながら、体が<u>ふるえるの</u>を感じた。　　　　　　　　　（白い人・黄色い人）

2.5　まとめ

　以上、主文の動詞のタイプによって、3つのバリエーションがあることを述べた。

　すべてに共通するのは、テンス形式が、主文の事象時を基準点とする時間指示になることである。

　主文の動詞述語（終止形）の方が発話行為時を基準点とする時間指示を担うとすれば、事象名詞節のような従属節の動詞述語（非終止形）の方は、〈主文の事象時〉を基準点とする時間指示を担うわけである。

　主文の述語（終止形）の場合と同様に、発話行為時を基準点とするダイクティックな（絶対的）テンスになる場合もあるが、これは、事象名詞節では限定的であるといえよう。

3.　アスペクトとタクシス

　複数の事象間の時間関係が、相対的テンスとは異なるかたちで表し分けられることもある。ここでは、テンス形式ではなく、アスペクト形式の機能が重要になる。

　そして、従属節のアスペクトだけでなく、主文の動詞述語のアスペクトが〈完成相〉なのか〈継続相〉なのかも、複数の事象間の時間関係に相関する。

　以下では、まず、主文の動詞述語が〈完成相〉の場合について述べ、そのあと、〈継続相〉の場合について考察する。

3.1 主文の動詞述語が完成相の場合

「スルト」形式において典型的であるが、この形式には「シテイルト」というアスペクト形式はあっても「シタト」のようなテンス形式は無い。このような場合には、「スルト―シテイルト」という〈アスペクト対立〉が、複数の事象間の時間関係を表し分ける機能を発揮することになる。「シタラ」形式も、スルト形式と共通する側面を有している。

次のような場合、「スルト」、「シタラ」であるか、「シテイルト」、「シテイタラ」であるかというアスペクトの違いが、主文の事象との時間関係の違いと相関している。同一主体の場合も異主体の場合もある[7]。

a)〈継起的な時間関係〉
- 「あなたは犯行をずっと見ていたのですよ。では、こう聞きましょう。ハツ子は宏に抱きつくと、すぐ倒れたんですね」 （事件）
- 私は表に出るとタクシーを停めました。そして、嵐山の「清乃屋」という旅館に行ってくれと言いました。 （錦繡）
- 一行が北川大学の本館前の駐車場に停めてあった本坊さんの車に乗り込むと、山本太郎はやっとほっとした。 （太郎物語）
- 「(前略)ところが、上水沿いの道に出たら、いきなり上水に飛びこんだ。とめるひまもなかった」 （小説日本銀行）
- 「参謀本部の梅津美治郎大尉は、私の大隊の中隊長だった人だ。去年、陸大を首席で卒業している。君の受験のことを話し、戦術の指導を頼んだら、こころよく引き受けてくれた」 （責任）

b)〈同時的な時間関係〉
- 私たちがせっせとラーメンを食べていると、入り口に人が並びはじめた。 （そして、バトンは渡された）
- 静かな裏通りを歩いていると、家並みの切れたところで、おもいがけなく黄色い大きな月を見た。 （人間の壁）
- 「道を歩いていたら、二人づれの男が寄ってきて、アルバイトをしないかって5万円くれたんです」

第 4 章　従属複文における相対的テンスとタクシス　117

　　　　　　　　　　　　（世界の終りとハードボイルド・ワンダーランド）

　次の例も〈同時〉を表しているが、継続相の「見ていたら」「笑っていると」を完成相の「見たら」「笑うと」に変えると、時間関係は〈継起〉に変わる。

- 「で、どうしたの？」
「相手の顔を見ないようにして、黙って違う方向を見ていたら、走り去っていった」　　　（ぼくはイエローでホワイトで、ちょっとブルー）
- 私が笑っていると、タクシーの運転手が、「何か、ええことおましたんか」と訊いてきました。　　　　　　　　　　　　（錦繡）

「シテ」形式にも、「シテイテ」形式があることから、次のように〈継起〉か〈同時〉かを表し分けることが起こる。以下の例の「キャンセルして」「見て」は「キャンセルすると」「見ると」に、「歩いていて」「読んでいて」は「歩いていたら」「読んでいたら」に言い換えることができる[8]。

〈継起的な時間関係〉
- 「ドイツ人は、消えたよ。クレタ島で船をキャンセルして、タクシーで飛行場へ行ったそうだ」　　　　　　　　　　　　（朝の歓び）
- 小坂がポケットからスマホを取り出す。カメラを起動するのを見て、美月は「やめなさいよ」と止めた。　　　　　　　（コンビニ人間）

〈同時的な時間関係〉
- 「その時たまたま、歩いていて張り紙を見つけたの。この子の飼い主を探しています、っていう」　　　　　　　　（ライオンのおやつ）
- 「(前略)読んでいて眼頭が熱くなって来るほど感激したわ」（孤高の人）

　したがって、次の場合の「シテイテ」を「シテ」にかえると、〈継起〉関係に変わる。

- 銭湯から出ると、喫茶店で冷たいものを飲んで帰ってきました。アパートの前に白い乗用車が停まっていて、若い男が運転席から私を見つめました。私に目が合うと、男はさりげなく視線をそらせました。
　　　　　　　　　　　　　　　　　　　　　　　　　　　　（錦繡）

　次の最初の例のように、3つの事象（「来た」「あいた」「出て来た」）が1つの文に統合化される場合も〈継起〉関係である。後の2例は、同一主体である。

- 「澄子ちゃんのうちの近くまで来たら、木戸があいて、西田先生が出て来たの」　　　　　　　　　　　　　　　　　（影の告発）
- 太郎はそこまで読むと、がばと起き上がって窓を開けた。（太郎物語）
- 15分ばかりで沈黙の時間もかなり多い電話を切ると、私はほっとして、又とろとろと眠った。　　　　　　（砂糖菓子の壊れるとき）

　また、次の場合でも、「シ」形式は〈継起〉であり、「シテオリ」形式の方は〈同時〉になる。なお、シテイテ形式、シテオリ形式については、森田2016に詳細な記述がある。

〈継起的な時間関係〉
- 私は封筒から英文の契約書を取り出し、手渡した。　　（一瞬の夏）

〈同時的な時間関係〉
- 終戦のよく年、父は仏印から帰ってきた。父がいたときに住んでいた世田谷の家は戦災にあって焼けており、僕らは母方の叔父にかりた鵠沼の別荘で父を迎えた。　　　　　　　　　　　　　　　　（剣舞）

3.2　主文の動詞述語が継続相の場合

（1）以上は、すべて、主文の述語（終止形）が、「倒れた」「飛びこんだ」等のような〈完成〉を表すアスペクト形式の場合であった。

主文の述語が、次のように、「かいていました」「している」「棄てていた」等のように〈継続〉のアスペクト的意味を表している場合には、従属節の動詞述語(非終止形)のアスペクト形式が「スルト」「シタラ」であっても、事象間の時間関係は〈同時〉になる[9]。

- 「<u>かけつけてみると</u>エスナール神父がベッドで大鼾をかいていました。」　　　　　　　　　　　　　　　　　　（フランドルの冬）
- 「それとなし<u>に耳をすますと</u>、金、金って、そんなにあいつに金ばかりやってどうする、なんて内輪同士で内緒話をしているんだ。おれは酒の酔いもさめてしまって、ほうほうの体で戻ってきたんだよ」
　　　　　　　　　　　　　　　　　　　　　　（輝ける碧き空の下で）
- 「嘘おっしゃい。わたしが玄関に入ろうとしたら、上からインキ壺のふたがおっこちて来て、私の顔にぶつかったわ。驚いて上を<u>見たら</u>、あんたがごみを棄てていた」　　　　　　　　　　　　（夏草冬濤）
- 「<u>行ったら</u>、締まってたんだよ」
　　——お店が？
　　「うん」　　　　　　　　　　　　　　　　　　　　（不信のとき）

　図式化すれば、すべて、次のような〈同時的時間関係〉である。「かけつけてみると」「耳をすますと」「見たら」「行ったら」のアスペクト的意味は〈完成〉(▽印)である。このような同時関係を〈部分的同時性〉と言っておく。

　　　　　　　　　　　　▽
　　　　　　　・・・・・・・・

（2）シテ形式、シ形式の場合も、主文の動詞述語が継続相の場合には〈同時〉になるが、スルト形式、シタラ形式と同じではない。
　次のシテ形式は〈完成〉の意味ではない。〈主体の結果継続〉を前面化させるかたちでの〈同時〉になる。この場合の「止まって」「かかり」は、「止まっていて」「かかっており」に言い換えることが可能である[10]。

- 飛翔をやめたかもめは、港の中の除染や海苔舟のへりに<u>止まって</u>、静かに翼を休めていた。　　　　　　　　　　　　　　　　（海の図）
- しかし和倉家は無人だった。玄関には鍵が<u>かかり</u>、雨戸はぴったりと閉じられていた。　　　　　　　　　　　　　　　　　　　　（宿命）

　次の場合では、〈客体の結果継続〉の側面（〜〜印）を前面化させるかたちでの同時になる。この場合も部分的同時性ではない。

- 洋子が先生に事情説明を依頼に行った時、先生は教室で生徒の椅子を４つ<u>並べて</u>、その上に横たわっていたのだ。（ゆっくり東京マラソン）
- 昌也は〈雪路〉の玄関が見える所にオートバイを<u>停めて</u>、うつらうつらしていた。　　　　　　　　　　　　　　　　　　　　（女社長に乾杯！）

　　　　〜〜〜〜〜〜〜〜〜（並べて、停めて）
　　　　・・・・・・・・・・・（横たわっていた、うつらうつらしていた）

　したがって、主文の述語が継続相の場合には、シテイテ形式、シテオリ形式を、シテ形式、シ形式に言い換えることができる。（ただし、上記の例の「並べて」「停めて」のような〈客体の結果継続〉の場合は、シテイテ形式、シテオリ形式には言い換えにくい。）

- 内藤は先に<u>来ていて</u>、憂鬱そうな顔でコーヒーを飲んでいた。
　　　　　　　　　　　　　　　　　　　　　　　　　　　　（一瞬の夏）
　　→内藤は先に<u>来て</u>、憂鬱そうな顔でコーヒーを飲んでいた。
- (前略)理一はブランデーを<u>飲んでおり</u>、ほかの者は水割りを飲んでいた。　　　　　　　　　　　　　　　　　　　　　　　　　　（冬の旅）
　　→理一はブランデーを<u>飲み</u>、ほかの者は水割りを飲んでいた。

　次の４つの例では、１つの文に３つの事象が統合化されている。３つの事象間の関係は、すべて次頁の図のようになる。スルト形式、シタラ形式で

は、主文の動詞述語が〈継続〉であっても、そのアスペクトは〈完成〉(▽印)のままであるが、シテ形式、シ形式では〈継続〉(〜〜印)になることに注意されたい。

- 店を休んで夫と迎えに行くと、カスミは警察署の椅子に腰かけ、誰かに貰った飴玉を前にして俯いていた。　　　　　　　（柔らかな頬）
- 気づいてみたら、アイロンが畳の上に倒れ、畳が焦げていた。
  　　　　　　　　　　　　　　　　　　　　　　　　　　（冬の旅）
- 二人で玄関に出ていくと、刑事たちは靴箱を開けて無遠慮に中を覗いていた。　　　　　　　　　　　　　　　　　　　　　　（宿命）
- その台風の夜、鮎太は郊外の家へ帰ってみると、電燈の消えた部屋に蝋燭をつけて、オシゲが一人待っていた。　　　　（あすなろ物語）

スルト形式、シタラ形式とシテ形式、シ形式とでは、上記のような違いがでてくるが、前述したように、主文の動詞述語が〈完成相〉であれば、3つの事象間の時間関係は〈継起〉になる。

- 店を休んで夫と迎えに行くと、カスミは警察署の椅子に腰かけ、誰かに貰った飴玉を前にして俯いた。
  　　　　　「行くと　→　腰かけ　→　俯いた」
- 二人で玄関に出ていくと、刑事たちは靴箱を開けて無遠慮に中を覗いた。
  　　　　　「出ていくと　→　開けて　→　覗いた」

3.3　アスペクトの機能とタクシス

　以上から、複数の事象間の時間関係である〈継起〉か〈同時〉かというタ

クシスと、〈完成〉か〈継続〉かというアスペクト的意味とは次のように相関していることが分かる。

1) 主文の動詞が完成相である場合
    - スルト形式、シタラ形式は〈継起的時間関係〉になる。
      シテ形式、シ形式も〈継起的時間関係〉を表しうる。
    - シテイルト形式、シテイタラ形式、シテイテ形式、シテオリ形式は〈同時的時間関係〉になる。
2) 主文の動詞が継続相である場合
    - スルト形式、シタラ形式は〈同時的時間関係〉、正確には部分的同時関係になる。
    - シテ形式、シ形式では、主文の動詞のアスペクト的意味に統括されるかたちでの同時性になり、シテ形式、シ形式自体が〈結果継続〉〈動作継続〉を表すようになる[11]。

継起か同時かというタクシス的時間関係では、以上のように、〈主文の動詞のアスペクト〉が関与する。一方、相対的テンスでは、主文の動詞述語が、完成相(最初の例)であろうと継続相(後の例)であろうと、その時間指示は変わらない。次の例におけるスル形式はどちらも〈以後〉である。

- それから澄江は、行助が宇野の籍から<u>離れる</u>ことを話した。（冬の旅）
- 彼は今日、東京少年鑑別所から 7 人の少年が少年院に<u>送致されてくる</u>のを知らされていた。　　　　　　　　　　　　　　　　（冬の旅）

また、タクシス関係では、相対的テンスとは違って、次のように、〈継起〉〈同時〉という時間関係と〈広義因果関係〉が〈複合化〉されることが起こる。従属節の事象が、主文の事象の成立(実現)を条件づけており、単純に時間関係だけを表しているのではない。同一主体の場合も異主体の場合もある。一方、相対的テンスでは広義因果関係と複合化されることはない。

〈継起〉
- その声を聞くと財部は古垣の痩せて黄色い顔を思いうかべた。
(金環蝕)
- 広告料のことを言われると欣二郎は少しおとなしくなった。(金環蝕)
- 先生が教壇に立つと、みんなは何事もなかったように静まった。
(そして、バトンは渡された)
- 「お母さんがちょっとそれを言い出したら珍しく怒ったわ。(後略)」
(食卓のない家)
- 「戸塚警察署に電話で問い合わせたら、昨日の午後、トラックに跳ねられて亡くなったそうだ」　　　　　　　　　　　　　　(冬の旅)
- 「僕は、少年院から帰ってきたとき、父さんに説得され、小田原に行くのをやめました」　　　　　　　　　　　　　　　　(冬の旅)

〈同時〉
- 私が笑っていると、タクシーの運転手が、「何か、ええことおましたんか」と訊いてきました。　　　　　　　　　　　　　(錦繡)
- (前略)いつの間にか、都久井の姿を見うしなった。どこをさがしても見当らない。あわてていると、そのあたりに客待ちしている俥夫が、旦那、なんですかい、帽子をかぶってない、ちょいと変った旦那をさがしているんじゃないんですか、ときいた。　　　　　(道標)
- 終戦のよく年、父は仏印から帰ってきた。父がいたときに住んでいた世田谷の家は戦災にあって焼けており、僕らは母方の叔父にかりた鵠沼の別荘で父を迎えた。　　　　　　　　　　　　(剣舞)
- 「(前略)読んでいて眼頭が熱くなって来るほど感激したわ」(孤高の人)

　以上のように、タクシス関係には広義因果関係が複合化される場合がでてくるが、重要なことは、タクシス関係が基盤にあって、それに広義因果関係が複合化されるということである。

4. 相対的テンスとタクシスの共通点と相違点

（1）タクシスについては、Jakobson 1957 が、次のように述べている（川本監修 1973 より簡略化して引用する）。

> タクシスは発言事象に関説せずに語られる事象をもう一つの語られる事象と関連させて特徴づける。
> "相対的時制 relative tense" のような名称は、この範疇の多様な様相の一つを示すに過ぎない。

上記では、「タクシス」は、語られる事象間の関連性を特徴づけるカテゴリーとし、相対的テンスを含むものとして提起されている。

確かに、絶対的テンスとは違って、相対的テンスとタクシスとは、語られる事象間の関係である点では共通している。

しかしながら、次のような違いがあると思われる。

次の例を見られたい。下線を引いた 2 つの事象は、〈限定された時間帯（integral time period）〉、典型的には〈同じ時空間〉において、継起的に実現している。

- 駅舎の中にある、同じくモダンなスターバックスの佇まいを何となしに眺めてから外に出ると、駅前広場にある噴水がタイミングよく吹き上がった。　　　　　　　　　　　　　　　　　（コンビニ人間）
- 後部座席のドアを開けて瑤子が登場すると、いっせいにカメラのフラッシュが光った。　　　　　　　　　　　　　　　（暗幕のゲルニカ）
- 「改札口あたりは混雑して駄目だ。やはり、プラットフォームで待っているのがいい。きっと博士は列車に乗り込んだら、デッキに立って送って来た人たちに手を振るに違いない。その時よく顔を見るのだ」　　　　　　　　　　　　　　　　　　　　　（孤高の人）
- 「お客が危篤と聞いたときは、おもい詰めたね。真夜中に河村さんのところへ辞表だしに行ったら、おれを差し置いて、出過ぎたことする

なって、なぐられた」　　　　　　　　　　　（男たちの前線）
- 萌絵が「早く来いよ」と手を振っている浜坂君を見て、顔をしかめた。　　　　　　　　　　　　　　　　　（そして、バトンは渡された）
- エフィーは、蠟燭に火をつけ、溶けた蠟をマッチ箱の上にたらした。
　　　　　　　　　　　　　　　　　　　　　　　　　　　（海辺の扉）

　次のような場合は、場所的には異なる(あるいは異なる可能性が高い)が、〈限定された時間帯における継起〉ではあると言えよう[12]。

- 「この前、甲板で転んでおけがなすったときだって、奥さんがいらしたらとたんになおっちゃったじゃないの」　　（振りむいたあなた）
- 「なんですか、たいそう疲れた様子で、夕食を食べると、すぐに寝てしまわれました」　　　　　　　　　　　　　　　　　（点と線）
- 銭湯から出ると、喫茶店で冷たいものを飲んで帰ってきました。
　　　　　　　　　　　　　　　　　　　　　　　　　　　　（錦繡）
- 春さんの家へ一泊して翌日二人は大阪に戻った。　（あすなろ物語）
- 「(前略)今夜は休んで、明日、お前がつきそって連れ戻してやれ」
　　　　　　　　　　　　　　　　　　　　　　　　　　　（冬の旅）

　一方、〈相対的テンス〉の場合は、限定された時間帯でなくてもよい。次の例の「来る(こと)」と「分かっていた」とは、限定された時間帯の事象ではない。したがって、従属節において、波線で示した「今日」のような時間副詞との共起も可能であり、従属節の事象に対する〈発話行為時基準〉の時間指示も〈複合化〉できる(「来る」は主文の事象時基準、「今日」は発話行為時基準である)[13]。

- 「もう十年も逢っていないが、今日の夕方、エフィーが来ることは、わしはちゃんと分かってたんだ。日本人の亭主とね」(中略)
「どうして？どうして私が来ることを知ってたの。私、びっくりさせようと思ってしらせなかったのに」　　　　　　　　　（海辺の扉）

次の場合も同様に、限定された時間帯ではない。

- 「確か前にもあなたにそう<u>言われたことも</u>今<u>思い出したわ</u>」

（蜂蜜と遠雷）

（2）以上をまとめると、相対的テンスとタクシスの共通点と相違点は、次のようになる。1つの文に複数の事象を統合化する場合に、このような2つのタイプの時間関係があるわけである[14]。

共通点　複数の事象間の時間関係を表し分ける。
相違点
　　　相対的テンス：〈主文の事象時を基準点〉とする時間指示
　　　　　　　　　　主文の動詞のタイプが関与する。
　　　　　　　　　（主文の動詞述語のアスペクトは関与しない）
　　　タクシス：〈限定された時間帯〉における複数の事象間の時間的順序
　　　　　　　　主文の動詞述語のアスペクトが関与する。

5. タクシスの表現手段

以上、従属複文において、相対的テンスとは異なるかたちで、アスペクトが、複数の事象間の時間関係の違いを表し分けることを述べた。

シテ形式については、スルト形式、シタラ形式とは違って、主文の述語が〈完成相〉の場合に、常に〈継起〉になるわけではない。

次のように〈同時〉の場合もあれば、時間的順序を問わない〈併存〉の場合もある。

〈同時〉
- 「そんなこと言っていいんですか、荒木さん」
西岡はキャスターつきの事務用椅子に座ったまま、床を<u>蹴って</u>荒木に近づいた。　　　　　　　　　　　　　　　　（舟を編む）

- 博士は晴れ渡った空を見上げるでもなく、すれ違う犬やお店のショーウインドウに視線を送るでもなく、ただ自分の足元だけを見つめてぎこちなく歩いた。　　　　　　　　　　　　（博士の愛した数式）

〈併存〉
- 「洪作さんは早く部屋に行きなさい。部屋を掃いて、戸棚の中を拭きなさい。（後略）」　　　　　　　　　　　　　　（あすなろ物語）
- 「（前略）ついでに私は疲れたので、水を飲んで、おかしも少し食べます」　　　　　　　　　　　　　　　　　　　　（山女日記）

　以上のシテ形式を「シテカラ」形式に変えると、〈同時〉であれ〈併存〉であれ、〈先行―後続〉の継起関係になる。

- 西岡はキャスターつきの事務用椅子に座ったまま、床を蹴ってから荒木に近づいた。
- 「洪作さんは早く部屋に行きなさい。部屋を掃いてから、戸棚の中を拭きなさい。」

　このように、シテカラ形式は、〈先行〉を明示する。次の場合、シテ形式に変えると〈同時〉関係になる可能性がでてくる。

- お父さんは通知表をまじまじと眺めてから、「おお、すごいね」と静かに言った。　　　　　　　　　（そして、バトンは渡された）
- 道子の方も、面くらったのか、咄嗟に返事ができなかったらしく、浅井の顔を眩しそうに見てから、唇許でにんまりと笑った。

　　　　　　　　　　　　　　　　　　　　　　　　（不信のとき）
- 僕は工場長がするのを真似て、飯の上に梅干を３つ載せてだぶだぶお茶をかけ、箸でよく掻きまわしてから食べた。　　　　（黒い雨）
- そのなかにいた兵隊をつかまえて聞きたいことを訊ねると、３冊の帳面を代わりばんこに繰ってから云った。　　　　　　（黒い雨）

シテカラ形式は、〈先行〉を明示するので、「シテイテカラ」という継続相形式は基本的に無い[15]。また、主文の述語が継続相であっても、2つの事象間の時間関係が同時にはならない。

- 私とルートはお昼ご飯がすんでから、ずっとラジオを聞いていた。
（博士の愛した数式）

このように、シテカラ形式が〈先行〉を表すのに対し、「シナガラ」形式は、主文の動詞が完成相であっても、〈同時〉を明示する。

- 調所は雨の音をききながら、突然、高木士郎の手紙を思い出した。
（たまゆら）
- 読み終えると眼鏡をはずしながら言った。（一瞬の夏）
- 「つまらない人ね」
女は立ち上がりながら、つんとして言った。（夜と霧の隅で）

上記の例のシナガラ形式をシテ形式に変えると〈継起〉になる（あるいは継起の可能性がでてくる）。

- 調所は雨の音をきいて、突然、高木士郎の手紙を思い出した。
- 読み終えると眼鏡をはずして言った。
- 女は立ち上がって、つんとして言った。

次のようなシテ形式の場合には、継起とも同時ともいえるが、「笑いながら」であれば、同時である。

- 囁き声に気がついたワダカマが、こちらを振り向くと、にっこり笑ってうなずいた。（本日は、お日柄もよく）

このように、シナガラ形式は、特別な場合を除き、〈同時〉を表すので、「シ

「テイナガラ」という継続相形式が使用された場合には、逆接の意味になる。

以上のことは、複文における事象間の時間関係が、〈継起〉なのか〈同時〉なのかというタクシス関係を表し分けることの重要性を示していると思われる。

タクシスの表現手段には、①アスペクトとともに、②シテカラ、シナガラという専用形式があるのではないかと思われる。

相対的テンスという用語は広く使用されているが、タクシスという用語自体は必ずしも広く使用されているわけではない。しかし〈継起〉〈同時〉というキーワードは広く使用されており、〈継起〉〈同時〉という事象間の時間関係の重要性を示していると言えよう。

6. おわりに

以上をまとめると、1)〜4)のようになる。

1) 1つの文に複数の事象が統合化される従属複文においては、複数の事象間の時間関係を表し分けることが必要になる。現代日本語の〈運動動詞〉にはテンスとアスペクトが発達しており、両者は異なるかたちで、他の事象との時間関係の違いを表す。この時間関係には、相対的テンスとタクシスという2つのタイプがある。

2) 相対的テンスは、主文の事象時を基準点とする時間指示である。本章では〈事象名詞節〉をとりあげて考察した。主文の動詞のタイプによって、3つのバリエーションがあるが、基本的には、次のような相対的テンス対立になる。

　　　　　〈以前〉　　　　　〈非以前（以後、同時）〉
　　　　シタ・シテイタ　　　　スル・シテイル

3) タクシスは、〈継起〉か〈同時〉かという〈限定された時間帯 (integral

time period)〉における複数の事象間の時間的順序関係である。典型的には、従属節と主文の動詞述語が〈完成相〉であれば〈継起〉になり、どちらかが〈継続相〉であれば、〈同時〉になる。スルト（シタラ）形式にはテンスは無いが、アスペクトが、主文のアスペクトと相関しつつ、複数の事象との時間関係の違いを表し分ける。

- 庭に出ると（出たら）、雷が鳴った。
- 庭に出ていると（出ていたら）、雷が鳴った。
- 庭に出ると（出たら）、雷が鳴っていた。

また、相対的テンスとは違って、タクシス関係には、広義因果関係が複合化されることも起こる。

4) 以上のように、アスペクトはタクシスの表現手段として機能するが、あわせて、シテカラ形式とシナガラ形式も、〈先行（継起）〉か〈同時〉かというタクシスを表し分ける。この2つの形式自体には、テンスもアスペクトも無く、また、主文の動詞述語が完成相でも継続相でも、〈先行〉あるいは〈同時〉を明示する。

- 〈先行〉レコードを聞いてから勉強した（勉強していた）
- 〈同時〉レコードを聞きながら勉強した（勉強していた）

また、シテ形式、シ形式も、タクシスに関与する。「シテ（シ）―シテイテ（シテオリ）」というアスペクト対立がタクシスに関わる点では、スルト（シタラ）形式と共通するが、違いは、主文の動詞述語が〈継続相〉の場合には、シテ形式、シ形式のアスペクト的意味が〈継続〉になる点である。したがって、1つの文に3つの事象が統合化される場合の時間関係は次のようになる。

- 庭に出ると（出たら）、雷が鳴って（鳴り）、雨が降っていた。

▽（出ると）
〜〜〜〜〜〜〜〜〜〜（鳴って）
・・・・・・・・・・・・・（降っていた）

　既に指摘されているように、特にシテ形式は〈継起〉〈同時〉さらには〈併存〉を表すことができるため、〈先行（継起）〉を明示するシテカラ形式や、〈同時〉を明示するシナガラ形式が必要になってくると思われる。

　本章では、従属複文における複数の事象の時間関係に、相対的テンスとタクシスという2つのタイプがあることを中心に述べた。
　以上の4)の点、具体的には、シテ形式、シ形式、シテカラ形式、シナガラ形式の相互関係については、次の第5章で考察する。これらの4つの形式では、同一主体か異主体かという点も重要になる。
　また、「捕虜を解放したことを知った」「捕虜が解放されたことを知った」のような〈事象名詞節〉では、相対的テンス化が起こることを述べたが、類型論的研究でも指摘されているように、1つの文に複数の事象が統合化される場合、「捕虜の解放を知った」のように表現することが可能である。ここでは、時間表現とヴォイスが無くなるとともに、主体・客体関係が〈連体格〉で表現されることになる。この点については、第6章で考察する。

注
1　〈完成―継続〉のアスペクチュアルな意味的対立が提起されたのは奥田1977によってであるが、奥田1993–1994は、さらに次のように述べて、〈継起〉か〈同時〉かという〈機能〉の重要性も指摘している。簡略化して引用する。
　　動詞の文法的なかたちとしてのアスペクトは、つぎのように規定することができるだろう。
　　　いくつかの動作（変化、状態）のあいだの外的な時間的な関係のなかで、動作（変化、状態）それ自身がもっている、内的な時間構造をとらえる。

アスペクトの意味と機能とはひとつに統一していて、きりはなすことはできない。

〈継起〉〈同時〉というタクシスは、第3章で考察したように、連文間の時間関係でも、従属複文においても、重要になる。

2 次のように、ノが「物、人」、コトが「事柄」を表す場合は対象外である。〈事象〉を表す名詞節を対象として考察する。

- 「若い人の流行りではありませんよ。僕はもう20年以上も愛用している。富士山に登った人が記念に杖を買ってきているのを見せてもらったことはありませんか？」　　　　　　　　　　　　　　　　　　　　　　　　　　　　（山女日記）
- 伴子は、格子戸をはめた内玄関から上って、母親が台所で働いているのに挨拶に行った。　　　　　　　　　　　　　　　　　　　　　　　　　　　　　（帰郷）
- 「黒いエナメル塗りの手提鞄です。金具は金色です」
と高橋夫人は、さっきも云ったことをまた云った。　　　　　　　　　（黒い雨）

3 工藤1985「ノ、コトの使い分けと動詞の種類」では、事象名詞節における「ノ」と「コト」の使い分けについて考察した。この点との関係については、次のようになる。3)はノが使用され、2)はコトの方が使用される傾向がある。1)のタイプでは、ノでもコトでもいい場合が多いが、言語・思考活動動詞は、コトの方が使用される傾向がある。

4 「後悔する」のような動詞は「質問したことを後悔した」とは言えても「質問することを後悔した」とは言えない（言いにくい）。逆に「予想する」のような動詞は「爆発することを予想した」とは言えても「爆発したことを予想した」とは言えない。このようにその個別的な語彙的意味上、シタ形式あるいはスル形式に限定される場合は除いて分析する。

　　また、「気づく」のような認知・発見活動動詞と、「見る」のような知覚活動動詞の中間には「見つける」のような動詞があり、連続的であると言えよう。

5 当然ながら、次のように、主文の動詞述語が〈発話行為時と同時〉つまり〈現在〉である場合には、事象名詞節の「生まれること」は〈未来〉になり、「買ったこと」は〈過去〉になる。

- 「君はもう子供の生まれることを考えているんだね」　　（いとしい恋人たち）
- 「岡部さんはこの少年がナイフをその日長後で買ったことを殺人の予備と見ていらっしゃるようだけど」　　　　　　　　　　　　　　　　　　　　　　（事件）

6 「手伝う、追い越す」のような動詞のタイプではスル形式が使用される傾向が強い。時間関係は同時である。以下の例の「上陸する」「降りていく」を「上陸している」「降りていっている」には言い換えられない。

- 船から陸に上がるとき、サンタ帽をかぶった係員さんが、さりげなく私の手を

取り、上陸するのを手伝ってくれた。　　　　　　　（ライオンのおやつ）
- 彼は、せっかく歩くのだからこの機会に運動不足を補おうと思って歩幅を広げ、午前中で講義の終わった男や女の学生たちが、いくつかの群れになって坂を降りてゆくのを追い越した。　　　　　　　　　　　　　　（笹まくら）

7　シタラ（シテイタラ）形式が〈反事実仮想〉を表す場合は異なるため、ここでは対象外である（工藤 2014）。
- 9時に図書館に行ったら、友人に会えた。　　　〈継起〉
- 9時に図書館に行っていたら、友人に会えていた。〈反事実仮想〉

また、宮島 1964 で指摘されているように、スルト（シテイルト）形式とシタラ（シテイタラ）形式とは、常に言い換え可能なわけではないが、本章では、時間関係に焦点をあてて考察する。

8　タクシスが〈継起〉であることには変わりはないが、常に、スルト形式とシテ形式の言い換えが可能なわけではない。スルト形式は、2つの事象の主体が〈同一主体〉の場合は、「〜は」であることが義務的であり、「〜が」にすると別の主体になる傾向がある。

〈同一主体〉（〜は）
- アパートに帰ると、勇作は机の引き出しからノートを取り出した。　　　（宿命）
- 私はパパの後をついて台所に行くと、引き出しから布巾を取り出した。
　　　　　　　　　　　　　　　　　　　　　　（そして、バトンは渡された）

〈異主体〉（〜が）
- 森下さんがテーブルの上で箱を開けると、中からホールのケーキがでてきた。
　　　　　　　　　　　　　　　　　　　　　　（そして、バトンは渡された）
- ボーイが部屋を出て行くと、賢行はすぐ東京へ電話を申し込んだ。（憂愁平野）

シテ形式の場合は、「〜が」でも〈同一主体〉になる。

〈同一主体〉（〜が）
- 大輔が号令をかけるように言って、車道を歩きだした。　　　　（山女日記）
- 萌絵が「早く来いよ」と手を振っている浜坂君を見て、顔をしかめた。
　　　　　　　　　　　　　　　　　　　　　　（そして、バトンは渡された）

〈異主体〉（〜が）
- 小坂がポケットからスマホを取り出すのを見て、美月は「やめなさいよ」と止めた。　　　　　　　　　　　　　　　　　　　　　　（コンビニ人間）

9　〈同時〉の時間関係だけでなく、〈発見の状況〉という意味も複合化されるが、この点の追求は今後の課題とする。

10　この点については、森田 2021 に詳細な記述がある。シテ形式が〈客体の結果継続〉

を表す場合には、シテ形式をシテイテ形式に言い換えられないことも指摘されている。

11 主文の動詞述語が継続相であっても、次のように、「しばらく」という時間副詞と共起している場合には、時間的限界づけが起こるため、2つの事象間の時間関係は〈継起〉になる。

- 「そうですか…」
エディも落胆したように呟き、しばらくじっとその場に佇んでいた。
 (一瞬の夏)

12 次のような場合もあるが、前文に「相次いで」という副詞があり、限定された時間帯 (integral time period) と考えられよう。

- 戦前から戦後にかけての最も厳しい時期に、魁夷はまた、肉親の死を相次いで体験した。兄は戦前に結核で亡くなり、父は戦中に亡くなった。
 (いちまいの絵)

なお、次のようなシタラ形式では、限定された時間帯とは言いにくくなるかもしれない。

- 「親友に金を預けたら持ち逃げされた。(中略)少しは大人になるさ」(海辺の扉)

13 次のような引用文(引用節)でも同じようなことが起こっているが、引用文(引用節)については今後の課題とする。

- 「なんだよ。また来たのか」
昼過ぎに早瀬君を家に招くと、森宮さんはわざとらしく言った。
「今日来るって言ったでしょう。さあ、とにかく座って」
 (そして、バトンは渡された)

14 このように、相対的テンスとタクシス(時間的順序)とは、異なる特徴をもっているのではないかと思われるのだが、次のような〈同時〉の場合には、両者が複合化、あるいは重なり合っていると言えるかもしれない。

- 「どうしたんだ？人でも殺したのか？」(中略)
「煙草を吸っているのを、先生にみつかったんだ」
 (朝の歓び)

15 稀に次のように「シテイテカラ」が使用されている場合がある。「シテカラ」に変えても時間関係は変わらない。

- 「君、君はパリへ来て一番何に困ったかね。」
矢代はしばらく黙って考えていてから答えた。
「そうだね、誰一人も日本の真似をしてくれぬということだよ。」　(旅愁)

第5章
「なかどめ」の構文的機能とタクシス

1. はじめに

　(1) 同じ主体や異なる主体の複数の運動（動作や変化）を1つの文に統合化する際に、〈なかどめ（中止）〉の構文的機能を担う形式として「シテ」形式と「シ」形式がある。シテ形式は、話し言葉でも書き言葉でも使用されるが、書き言葉（小説の地の文、エッセー、論述文、手紙等）では、シ形式も多用される。

〈話し言葉〉
a) •「(前略)艱難辛苦で、蘆田川の鉄橋を<u>歩いて</u>渡ってきたそうよ」
(黒い雨)
b) •「ここはいいからさ。ちょっと二階に<u>行って</u>話してきなよ」
(柔らかな頬)

〈書き言葉〉
c) • そして間髪を入れず、そのナントカカントカ・セントラ嬢がマイクを<u>持ち</u>、長いドレスを<u>着て</u>舞台に出てきた。(哀愁の町に霧が降るのだ)
d) • アランは<u>立ち上がって</u>後ろを<u>振り向き</u>、軽く手を<u>振って</u>拍手に応えた。
(暗幕のゲルニカ)

　終止形の動詞述語との時間関係において、シテ形式は、a)「歩いて」、c)「着て」、d)「手を振って」のように〈同時〉を表す場合もあれば、b)「行って」、

d)「立ち上がって」のように〈先行(継起)〉を表す場合もある。書き言葉で使用されるシ形式も、c)「持ち」では〈同時〉を表し、d)「振り向き」では〈先行(継起)〉を表している。

c)とd)では、1つの文に3つ以上の運動が統合化されている。このような場合に、シ形式が必要になってくると思われる。「持ち」「振り向き」を「持って」「振り向いて」に言い換えても文法的には非文と言えないが、書き言葉としては整った文とは言い難くなる。次の場合(エッセーからの引用)もそうである。

- 町中にはガス灯が灯り、犯罪と悪臭も劇的に減って、花の都・パリが誕生したのである。　　　　　　　　　　　　　　(いちまいの絵)

本章では、話し言葉と書き言葉を分けたうえで、まず、話し言葉におけるシテ形式の用法について考察し、次に、書き言葉において、シテ形式とシ形式がどのように使い分けられるかを考察する。

本書全体では〈(文の)事象〉という用語を使用しているが、本章では、同一主体か異主体かという点も重要になるため、動作と変化を含む〈運動〉という用語を使用する。事象とは〈主体の運動〉(主体の動作や主体の変化)である。そして、主文の述語(終止形)になる動詞を〈主動詞〉ということにする。なかどめ(中止)の構文的機能をになうシテ形式やシ形式と主動詞で構成される文を〈なかどめ構造の文〉と言っておく。

なかどめ構造の文は、存在動詞、形容詞や名詞述語の場合もあるが、第4章と同様に、〈運動動詞〉に限定して考察する。

(2) なかどめ構造の文は、次の2つの点で、スルト形式やシタラ形式による従属複文より〈統合度〉が強いことが特徴である。

第4章で述べたように、主動詞(終止形)が〈継続相〉である場合は、シテ形式もシ形式も、終止形と同じ〈継続〉の意味になって〈同時〉を表す(シテ形式に関しては森田2017における詳細な記述がある)。

まず、〈同一主体〉の場合を示すと次のようになる。〈主体の結果継続〉〈客

体の結果継続〉〈動作継続〉の場合があるが、すべて〈継続〉である点では同じである。

そして、主動詞を〈完成相〉に言い換えると、シテ形式やシ形式は〈先行（継起）〉の意味になる。

「シテ形式」
〈主体の結果継続〉
- 「誰が言った？」
「伊豆屋の小母ちゃんが、おらの家に来て言っていた」
（あすなろ物語）
- 「それは、たしかですか？」
「たしかです。家族も秘書も羽田空港に行って、飛行機がとび立つのを見ていたそうです」　　　　　　　　　　（巨人の磯）
- 飛翔をやめたかもめは、港の中の漁船や海苔舟のへりに止まって、静かに翼を休めていた。　　　　　　　　　　（海の図）

〈客体の結果継続〉
- 昌也は〈雪路〉の玄関が見える所にオートバイを停めて、うつらうつらしていた。　　　　　　　　　　（女社長に乾杯！）
- 「(前略)4年前、神戸に行ったとき、ホテルの部屋の明かりを消して、テレビをつけていたでしょう？」　　　　　　　　　　（海辺の扉）

〈動作継続〉
- 私は依然として彼の顔を見て黙っていました。　　　　　　　　（こころ）

「シ形式」
〈主体の結果継続〉
- 町の入口でロバから降りる直前に写された写真が出来上がり、岸辺の木の台に並べられていた。　　　　　　　　　　（海辺の扉）
- 彼女は紺色のセーターにコール天のスラックスをはき、薄手のアノラックを着ていた。　　　　　　　　　　（霧の子午線）
- 部屋の中では、コンラート・バトラーが、正装して、車椅子に座り、

　　　　ふたりを待っていた。　　　　　　　　　　　　（楽園のカンヴァス）
〈客体の結果継続〉
- 利兵衛は、3号室の戸をあけ、安をさそっているところだった。
　　　　　　　　　　　　　　　　　　　　　　　　　　　　（冬の旅）
〈動作継続〉
- おばさんたちのグループは総勢6名で、二人がけの椅子縦3列から身を乗り出して、しょうゆせんべいの袋をまわし、バリバリとかじりながら大声で話している。　　　　　　　　　　　　　　　（山女日記）

〈異主体〉の場合も同様に〈継続〉（主体の結果継続や客体の結果継続）の意味になる。次の例においても、主動詞を「焦げた」「たかれた」にすると、シ形式もシテ形式も〈先行（継起）〉の意味になる。

- 気づいてみたら、アイロンが畳の上に倒れ、畳が焦げていた。
　　　　　　　　　　　　　　　　　　　　　　　　　　　　（冬の旅）
- （前略）棺は演芸用の低いステージに安置され、間に合わせのおもちゃのバケツに灰を入れて線香がたかれていた。　　　　　　（黒い雨）

第4章で述べたように、主動詞のアスペクトに依存して（アスペクトに統括されて）シテ形式やシ形式も〈継続〉の意味になることは、スルト形式やシタラ形式では起こらない。

あわせて、なかどめ構造の文では、次のように「～が」は、シテ形式と主動詞（終止形）で表される2つの運動の主体でありうる。3番目の例ではシテ形式、シ形式、主動詞で表される3つの運動の主体である（さらにはシテカラ形式で表される運動の主体でもある）。

- 大輔が号令をかけるように言って、車道を歩きだした。　（山女日記）
- 萌絵が「早く来いよ」と手を振っている浜坂君を見て、顔をしかめた。
　　　　　　　　　　　　　　　　　　　　　（そして、バトンは渡された）
- 主人が出て来て、私の顔を見、「どうぞ、おあがりやして」と言って

から番頭に桔梗という部屋に案内するように命じました。　　　（錦繡）

　一方、スルト形式やシタラ形式による従属複文は、〈同一主体〉の場合には、「〜が」を使用できず、「〜は」にしなければならない。次の例の「勇作は」「私は」を「勇作が」「私が」に変えると、2つの事象の主体は〈異主体〉になる。

- アパートに帰ると、勇作は机の引き出しからノートを取り出した。
　　　　　　　　　　　　　　　　　　　　　　　　　　　（宿命）
- 私はパパの後をついて台所に行くと、引き出しから布巾を取り出した。　　　　　　　　　　　　（そして、バトンは渡された）

　以上の2つの点から言って、シテ形式やシ形式による〈なかどめ構造の文〉は、スルト形式やシタラ形式による従属複文よりも、統合度が強い構造の文になっている。
　本章では、主動詞(終止形)が継続相であれば〈同時〉関係になるため、主動詞が〈完成相〉の場合に限定して分析する。

　(3) 冒頭のa)〜d)の例で示したように、主動詞が〈完成相〉であっても、シテ形式やシ形式は、〈同時〉〈先行(継起)〉（さらには時間的順序を問わない〈併存〉）のタクシス関係を表しうる。そのため、どちらであるかを明示するために、シテカラ形式とシナガラ形式が使用される。
　次の場合、シテカラ形式は〈先行(継起)〉を表しているが、これをシテ形式に変えると〈同時〉の可能性がでてきてしまう。

- (前略)飯の上に梅干を3つ載せてだぶだぶお茶をかけ、箸でよく掻きまわしてから食べた。　　　　　　　　　　　　　　　　（黒い雨）
- お父さんは通知表をまじまじと眺めてから、「おお、すごいね」と静かに言った。　　　　　　　（そして、バトンは渡された）

次の場合、シナガラ形式は〈同時〉を表すが、これをシテ形式に変えると〈先行(継起)〉になってしまう。

- 「いかん。宇野は、坂道をおりながらいろいろなことを考えるだろう。きみ達がいっしょでは、考えることができない」　　　　（冬の旅）
- 「それで…」首相は、やっと葉巻に火をつけながら聞いた。

（日本沈没）

本章では、シテ形式とシ形式について考察した後、シテカラ形式とシナガラ形式がどのような場合に必要になってくるかを考察する。

シテカラ形式、シナガラ形式との張り合い関係を視野に入れることは、シテ形式、シ形式の特徴をとらえるためにも必要であろう。

次の場合のシテ形式はシナガラ形式に言い換えることはできない。逆に、シナガラ形式はシテ形式に言い換えることはできない。シテ形式は、主動詞の直前という構文的位置にあって、2つの運動の統合度が強い。後述するところだが、これを〈一体的同時〉と言っておくことにする。

- 「(前略)艱難辛苦で、蘆田川の鉄橋を歩いて渡ってきたそうよ」

（黒い雨）

- 人通りの少ない、静かな道を歩きながら、昌也が言った。
「今度、アパートを移ろうと思っているんだ」　　（女社長に乾杯！）

一方、次の場合では、シテ形式の方はシテカラ形式に言い換えることはできない。言い換えると、お店以外の場所で「言う」という動作を行うことになる。主動詞が表す運動との時間関係は〈継起〉ではあるが、この場合も一体性あるいはひとまとまり性が強い。後述するところだが、このような場合を〈ひとまとまり的継起〉と言っておく。これに対して、後の例におけるシテカラ形式では、「先行―後続」のシンプルな継起関係である[1]。

- 「そう。それじゃお店に寄って、由美にしんぱいしなくていいと言っ

ておいて」　　　　　　　　　　　　　　　（月曜日の兄弟たち）
　・「書店に寄ってから僕も帰る」　　　　　　　　（夏と少年の短編）

　一口に〈同時〉〈継起〉と言っても、複数の運動間の統合度（緊密度）の違いによるバリエーションがあると思われる。シテ形式では以上のように、主動詞が表す運動と〈統合度〉が強いタクシス関係になる[2]。
　この点で、シテ形式は、〈単文〉に近い構造になっていると言えよう。
　以下の節ではこの点にも留意して、次の順に述べる。

① 話し言葉におけるシテ形式の用法
② 書き言葉におけるシテ形式とシ形式の関係
③ シテカラ形式およびシナガラ形式と、シテ形式との関係

2.　話し言葉におけるシテ形式

　2.1 では、シテ形式には大きくは4つのタイプの用法があることを述べ、2.2 では、話し言葉でも、限られた場合に、シ形式が使用されることがあることを述べる。

2.1　シテ形式の用法
　(1) 結論を先取りして言えば、話し言葉では、シテ形式の用法は、大きくは次の4つのタイプがある。A)B)C)の間は連続的である。

　A）一体的同時
　B）ひとまとまり的継起
　C）先行（継起）
　D）併存

　以上のうち、A)B)は〈同一主体〉に限定され、C)D)は〈同一主体〉でも〈異主体〉でもよい。

C)では、きっかけ、原因といった広義因果関係と複合化されることが多い。
D)の〈併存〉は、時間的順序を問わない用法である。
以下、順に述べる。

（2）まず、A)〈一体的同時〉を表す用法について述べる。シテ形式は、主動詞（終止形）が表す運動に随伴する〈方法・手段〉あるいは〈様態〉を表している。一体性が強いので、主動詞の直前という構文的位置になる傾向が強い。シナガラ形式には言い換えられない（言い換えにくい）。

〈手段・方法〉あるいは〈様態〉
- 「怖くて帰れんのか。ついて来るのがわるいんだ。幽霊は出んから、走って帰れ！」　　　　　　　　　　　　　　（土曜夫人）
- 「ちゃんと前を見て歩きなさいよ」　　　　　　　（女社長に乾杯！）
- 「（前略）今回は、なんとか手に入ったので、生の落花生を煮てつくりました」　　　　　　　　　　　　　　（ライオンのおやつ）
- 「（前略）まだ少しおかわりができますので、欲しい人は手を挙げて教えてくださいね」　　　　　　　　　　（ライオンのおやつ）
- 「話は違うけど、父さん、この間、田久保君の店に行ったでしょう」
誠吉は、また酒瓶に手を伸ばした。その手を百合子が押さえた。
「嘘を言ってもだめよ。田久保君に父さんの写真を見せて確認したんだから」　　　　　　　　　　　　　　　　（樹下の想い）

次のような場合では、「がんばって」のほうは「一生懸命に」のような語彙的意味であり、副詞性が強くなっているであろうし、「向かって」では後置詞に近づいているであろう。この点については、鈴木1972で指摘されており、高橋2003にも詳しい記述がある。

- 「私が死んだらさ、ここに来て、空に向かって手を振ってもらいたいんだ。（中略）私も、がんばって手を振るようにするからさ」
　　　　　　　　　　　　　　　　　　　　　　　（ライオンのおやつ）

次のような場合も〈一体的同時〉と考えられるが、次のB)〈ひとまとまり的継起〉に近いとも言えよう。

- 「お借りしたお金で、航空会社に電話をかけて、問い合わせたんです。その人、今日のお昼の飛行機に乗ってました」　　　　（朝の歓び）
- 「どうして入った？」
  「窓をこじ開けてはいりました」　　　　　　　　（あすなろ物語）

(3) 次に〈ひとまとまり的継起〉を表すB)の用法について述べる。この場合も〈同一主体〉である。そして、シテ形式は、主動詞が表す運動（動作）の実現のために先立って必要な運動（動作）を表しており〈ひとまとまり性〉が強い。構文的位置も、主動詞の直前になることが多い。シテカラ形式には言い換えられない[3]。

- 「ここはいいからさ。ちょっと二階に行って話してきなよ」
  　　　　　　　　　　　　　　　　　　　　　　　（柔らかな頬）
- 「私がケーキ屋さんまで走って、もらってきましょう」
  　　　　　　　　　　　　　　　　　　　　（博士の愛した数式）
- 「尾島さんを呼んで聞いてみましょうか」　　（女社長に乾杯！）
- 「いまあなたの目の前に来たキャブに飛び乗って、10分以内にオフィスに来られる？」　　　　　　　　　　　　　（暗幕のゲルニカ）
- 「無理心中じゃないね。着衣の乱れもないし、格闘した形跡もない。やはり合意の上で、青酸カリをのんで死んだんだな」　　（点と線）
- 「(前略)それと、こちらのプレートに名前を書いて、部屋の入口に貼っておいていただけますか。(後略)」　　（ライオンのおやつ）
- 「だって、お母さん、この間、ここにあったお花を全部つんで、雫ちゃんへの花束にしたじゃない。(後略)」　　（ライオンのおやつ）

(4) C)の〈先行（継起）〉の用法では、〈同一主体〉だけでなく〈異主体〉の場合もある。そして、同一主体の3番目の例「跳ねられて」や異主体の2

番目の例(「走り出してきて」)のように、先行(継起)の時間関係だけでなく、広義因果関係と〈複合化〉される場合もでてくる[4]。

〈同一主体〉
- 「ねえ、帰りどっかでデザートを食べて帰ろうよ」　　　　(山女日記)
- 「(前略)観光バスから降りて、それから郵便局に行ったの」
　　　　　　　　　　　　　　　　　　　　　　　　(海辺の扉)
- 「戸塚警察署に電話で問い合わせたら、昨日の午後、トラックに跳ねられて亡くなったそうだ」　　　　　　　　　　　(冬の旅)

〈異主体〉
- 「さっき友達が3人ばかり来て、〈遊べるデー〉に出かけたようです」
　　　　　　　　　　　　　　　　　　　　(ゆっくり東京マラソン)
- 「その時も、俺は一番うしろの窓際の席に坐って、うつらうつらしていたんだろうな。ところが、不意にその絵の中から一頭の獣が走りだしてきて、眼が醒めたんだよ。よく見ると犬なんだ」　　(一瞬の夏)

(5) D)の〈併存〉の用法でも同一主体と異主体の場合があるが、この場合は、時間的順序を問わない。したがって「戸棚の中を拭いて、部屋を掃きなさい」のように言い換えることができる。そして、時間的順序を明示する場合には、シテカラ形式を使うことになる[5]。

〈同一主体〉
- 「洪作さんは早く部屋に行きなさい。部屋を掃いて、戸棚の中を拭きなさい」　　　　　　　　　　　　　　　　　　(あすなろ物語)
- 「もっと、俺をののしって、泣きわめいたらいい。そんなふうに自分を制御していたら病気になる」　　　　　　　　　(朝の歓び)
- 「(前略)ついでに私は疲れたので、水を飲んで、おやつも少し食べます」　　　　　　　　　　　　　　　　　　　　(山女日記)

〈異主体〉
- 「(前略)そして翌朝も、二人でここを出ました。行ちゃんは学校に行って、私はお店に出たの」　　　　　　　　　　　　(太郎物語)

(6) 以上、話し言葉におけるシテ形式の4つの用法を述べた。図式化すると次のようになる。

強←・・・・・・・・・・・・・【統合度】・・・・・・・・・・・→弱
A)一体的同時　　B)ひとまとまり的継起　　C)先行(継起)　　D)併存
同一主体　　　　同一主体　　　　　　　　同・異主体　　　同・異主体

2.2　話し言葉におけるシ形式

　使用例は少ないが、相手が目上の人、あるいは親しくない人に話すようなフォーマルなスタイルで、シ形式が使用される。したがって、主動詞(終止形)が〈丁寧体〉になることが多いという傾向がみられる[6]。
　〈同一主体〉〈異主体〉の場合があり、統合度の強くないC)とD)の用法に限られる傾向がある。A)、B)のような〈一体性〉〈ひとまとまり性〉のある用法は見られなかった。

C)〈先行(継起)〉(広義因果関係も複合化)
- 「どうせ訊かれることなので、全部言いますけど、そのことは八重さんから訊き、母に確認しました。(後略)」　　　　(霧の子午線)
- 「僕は、少年院から帰ってきたとき、父さんに説得され、小田原に行くのをやめました。(後略)」　　　　　　　　　　(冬の旅)
- 「(前略)でもこのあいだ、接触事故を起こし、免許証も停止になった。お酒が少し入っていたことと、それから視力に問題があったためです」　　　　　　　　　　　　　　　　　　　(ドライブ・マイ・カー)

D)〈併存〉
- 「筋が引きつり、からだが痙攣するんです」

「寒いからではないのか」　　　　　　　　　　　　　　　（冬の旅）

3. 書き言葉におけるシテ形式とシ形式の関係

　書き言葉では、3つ（あるいは3つ以上）の運動が統合化された文も多い。2つの運動の統合化の場合と3つ（以上）の場合とでは違いがみられることから、まず、2つの場合について述べ、そのあとで、3つ以上の場合を述べる。

3.1　2つの運動の統合化の場合

　(1) 結論を先取りして言えば、次のような〈傾向〉がみられる。「×」は、管見の限り実例が無かったことを示す。

	シテ形式	シ形式
A）一体的同時	◎	△
B）ひとまとまり的継起	◎	○
C）先行（継起）		
同一主体	◎	◎
異主体	○	◎
D）併存	×	◎

① 同一主体に限定され〈一体性〉の強いA）の用法は、シテ形式にほぼ限定される。B)の用法も、相対的にシテ形式の使用が多い。
② これに対し、D)〈併存〉の用法は、同一主体でも異主体でもシ形式になり、シテ形式の実例は見られなかった。
③ 中間のC)〈先行（継起）〉の用法は、同一主体の場合は、シテ形式でもシ形式でもよいが、異主体の場合はシ形式になる傾向がある。

以下、順に述べる。

　(2) A)〈一体的同時〉の場合は、シテ形式になる傾向が強い。シテ形式は、

〈主動詞の直前〉という構文的位置にある場合が多い。シテ形式をシ形式に言い換えることはできない。また、話し言葉の場合と同様に、シナガラ形式にも言い換えにくい。

- 私たちは博士のところまで走って戻った。　　　（博士の愛した数式）
- それから梓と別れた詩乃と満江は、自宅に帰る為に門司港駅まで並んで歩いた。　　　　　　　　　　　　　　　　　（コンビニ人間）
- 私はお父さんの横にぴたりとくっついて歩いた。
　　　　　　　　　　　　　　　　　　（そして、バトンは渡された）
- カメラを取り出した息子さんにクマゴロウが「シャッターを押しましょうか」と声をかけると、親子は槍ヶ岳を背に肩を組んで並んだ。
　　　　　　　　　　　　　　　　　　　　　　　　　　（山女日記）
- ミドリは二郎の手を引っぱって立たせた。　（ゆっくり東京マラソン）
- 豊川は小さなブックマッチを投げてよこした。　　　（柔らかな頬）

次のように、シ形式が使用された例が3例あった。ただし、この場合のシ形式は、主動詞の〈直前〉ではない[7]。

- 史麻さんは高下駄をからころ鳴らし、表に出て行った。　（海の図）
- 重そうな黒い鞄を抱え、松本先生が訪ねてきた。　　（舟を編む）
- うつむきかげんに、ポケットに手を入れ、用ありげに足を運んだ。
　　　　　　　　　　　　　　　　　　　　　　　　　　（点と線）

シテ形式も、次のような場合は、シ形式に言い換えやすい。

- 5月に入ったばかりの時だった。銀河の内儀さんが顔色を変えて、新聞社の受付にやって来た。　　　　　　　　　　　（あすなろ物語）

（3）B）〈ひとまとまり的継起〉の用法も、シテ形式の方が使用される傾向がある。

- 先生は奥さんとともに、門口まで出て見送ってくれた。（舟を編む）
- それで私は座敷に上って、先生を待つ間、奥さんと話をした。
　　　　　　　　　　　　　　　　　　　　　　　　　　（こころ）
- ナウルホエ山の山頂までがくっきりと見えている。神崎さんがカメラを出して、その姿を収めた。　　　　　　　　　　　（山女日記）
- オン爺ィは店の前の空箱を倒してその上に腰をかけた。　（海の図）
- 小母さんが勧めたので、洪作は羊羹を小さいホークにさして口に運んだ。　　　　　　　　　　　　　　　　　　　　　（あすなろ物語）
- 兄は先方へ贈るように用意した結納の印を開けて弟に見せた。（破戒）

そして、A)のタイプより、シ形式の使用も多くなる傾向がある。

- 理一は、あくる朝の９時、迎えに来た車にのり、成城の家を出た。
　　　　　　　　　　　　　　　　　　　　　　　　　　（冬の旅）
- 私は封筒から英文の契約書を取り出し、手渡した。　　（一瞬の夏）
- 私はその辺りの岩かげに乾いた流木を集め、小さな焚火をこしらえた。　　　　　　　　　　　　　　　　　　　　　（夜と霧の隅で）
- 東京へ着くと、その足で、カフエー白百合のドアを開け、中をひとわたり見廻した。　　　　　　　　　　　　　　　　　（山形屋の青春）

（4）C）〈先行（継起）〉では、話し言葉と同様に、広義因果関係が複合化される場合もあるが、〈同一主体〉では、シ形式（最初の５例）とシテ形式（後の５例）の両方が使用される。

〈同一主体〉
- 「トラさん、トラさん」
　馬締はつぶやき、しまいにちょっと嗚咽した。　　　　（舟を編む）
- ふと、一番端の席に座っていた人物が立ち上がり、社長の横へ進み出てきた。あ、と私は口を開けた。　　　　（本日は、お日柄もよく）
- すると彼は思わぬところからの絶賛によろこび、翌月はそれぞれの人

　　　　にコピーして送ってくれた。　　　　　　　（哀愁の町に霧が降るのだ）
- アメリカの亡命したフェルディナントとアデーレ夫妻の姪、マリア・アルトマンは叔父の遺言の存在を突きとめ、オーストリア政府を相手に返還訴訟の裁判を起こす。　　　　　　　　　　　（いちまいの絵）
- 「けっこうなものを頂戴いたしまして、ありがとうございます。おもたせで恐縮ですが」
　奥さんに丁寧に頭を下げられ、馬締と荒木は恐縮した。　（舟を編む）
- 私はもう一度「けち」とつぶやいて、アップルパイをほおばった。
　　　　　　　　　　　　　　　　　　　　　　（そして、バトンは渡された）
- 「よっしゃ」と小さく叫んで、久美さんは拡げた新聞の表面をパシンと叩いた。　　　　　　　　　　　　　　　（本日は、お日柄もよく）
- 「どうしたんだよ。具合でも悪いのか？」
　私のスプーンがちっとも動かないのを見て、厚志君が声をかけた。
　　　　　　　　　　　　　　　　　　　　　　（本日は、お日柄もよく）
- 「清明様が、えらいことやそうです」
　と育子さんは言いました。その声は震えていて、ただならぬ出来事の襲来を私に感じさせました。私はパジャマの上からカーディガンを羽織って、階段を駆け降りました。　　　　　　　　　　（錦繍）
- 「坐れよ、ここに」
　と言った。木部は藤尾の横に坐って、お師匠さんの方へ頭を下げた。
　　　　　　　　　　　　　　　　　　　　　　　　　　（夏草冬涛）

　〈異主体〉になると、シ形式の方の頻度が高い傾向があるが、最後の３例のように、シテ形式の場合もある。なお、同一主体、異主体問わず、「スルト」形式に言い換えやすくなるのはこの用法であると思われる（すべてではないが）。

〈異主体〉
- バブルが崩壊し、会社が倒産した。　　　　　　　　　　（山女日記）
- 雨は９時前には止み、真っ青なシーツを思い切り広げたような、から

りとした青空がさわやかに広がった。　　　（本日は、お日柄もよく）
- それなのに、3年生の河田先輩が、右足がまったく動かないと<u>訴え</u>、全員で頂上に登るのは中止になったのだ。　　　　　　（山女日記）
- この暴動は、結局フランス軍によって<u>鎮圧され</u>、反乱を起こした400人ほどが逮捕された。　　　　　（誰も知らない「名画の見方」）
- 公園の横の道から車がゆっくり<u>走って来て</u>、運転している中年の女が、市川に何か言った。　　　　　　　　　　　　　（朝の歓び）
- ふすまが<u>開いて</u>悦子が入って来た。手に白い封筒を持っていた。
　　　　　　　　　　　　　　　　　　　　　　　　　　（海の図）
- 「廣瀬くん？ぼんやり空見上げてどうしたの？」
　樹恵琉が不思議そうに<u>訊いて</u>、太郎ははっとした。（コンビニ人間）

（5）統合度の弱いD）〈併存〉の場合は、〈同一主体〉であれ〈異主体〉であれ、シ形式が使用される。書き言葉では、〈併存〉の場合にシテ形式が使用された実例は見つからなかった。

〈同一主体〉
- ローマでゴヤは技術を<u>磨き</u>、感性を育んだ。そして画家になるべく基礎を固めていった。　　　　　　　　　　　（いちまいの絵）

〈異主体〉
- 安は手際よく生そばを湯に<u>入れ</u>、厚子は丼を棚からおろした。
　　　　　　　　　　　　　　　　　　　　　　　　　　（冬の旅）
- 普段は明るく溌剌としている澄恵の初めて見せる顔に美月は言葉を<u>失い</u>、父はがくりと肩を落とした。　　　　　　（コンビニ人間）
- 「みなさん、寝てる場合じゃありませんよ」
　思わず声をあげてしまう。神崎さんの奥さんが、まあ、とご主人を<u>揺り起こし</u>、仲良し二人組も、おおっ、とガラス窓に顔を寄せた。
　　　　　　　　　　　　　　　　　　　　　　　　　（山女日記）
- 動揺を抑えきれないように博士は立ち上がると、髪をかきむしり、身

体中のメモをガサガサいわせながら食卓の周囲を歩きまわった。ふけが飛び散り、床が軋んだ。　　　　　　　　　（博士の愛した数式）

- （前略）結局、雷は近くにあるお宮の銀杏の木に落ちたようだった。離れには暑さと蝉の鳴き声が戻り、濡れたカーテンもすぐに乾いた。

（博士の愛した数式）

(6) 以上をまとめると、次のように図式化できる。

```
     シテ           シテ(シ)          シテ・シ   シ(シテ)          シ
強←・・・・・・・・・・・・【統合度】・・・・・・・・・・・・→弱
A)一体的同時    B)ひとまとまり的継起      C)先行(継起)              D)併存
同一主体        同一主体             同一主体    異主体          同・異主体
```

A) の用法は、基本的にシテ形式である。
B) の用法も、シテ形式が多いが、シ形式も使用される。
C) の用法は、同一主体ではシ形式とシテ形式が使用され、異主体になるとシ形式の使用が多くなる。
D) の用法は、シ形式になる。

単純化して言えば、「統合度の強い場合はシテ形式、統合度が相対的に弱い場合はシ形式」というかたちで、使い分けがあると言えよう。中間的な場合は、両形式が使用される。

この点を踏まえて、次に、3つ以上の運動が統合化される場合を見ていく。

3.2　3つ以上の運動の統合化の場合

(1) 話し言葉の場合は、1つの文に3つ以上の運動を統合化する場合、シテ形式の連続になる。

- 「早く入ってドアを閉めて鍵をかけてちょうだい。かぜをひいちまうわ」　　　　　　　　　　　　　　　　　　　　（復活の日）

- 「あれからだれも来ないのか」
  「一人来た。君の知人らしい女性だ。君が外出していると言ったら、またあとで顔を出すからと言って、会場だけ覗いて出て行った」
  　　　　　　　　　　　　　　　　　　　　　　　　（憂愁平野）
- 「実はね、主人の会社の金沢支店の支店長さんが、一週間ほど前に、お酒を飲んで酔っ払い運転して、電柱に頭ぶつけて死んだのよ」
  　　　　　　　　　　　　　　　　　　　　　　　　（太郎物語）
- 「なにしろあんた、自分が何処にいるかもわからなくなって、吐気がして、頭がかすんで、どえらい熱らしいなと思って、またうとうとと眠った」　　　　　　　　　　　　　　　　　　（夜と霧の隅で）

　書き言葉でも、次のように、シテ形式の連続の場合もあるが、基本的には、シテ形式とシ形式の両方が使用される[8]。

- 引取人は福岡市内でそれぞれ茶毘に付して、遺骨箱をかかえて帰った。　　　　　　　　　　　　　　　　　　　　　　（点と線）
- すると運転手は「女はお化けですさかい」と答えてバックミラー越しに私を見つめてにやっと笑いました。　　　　　（錦繡）
- そして、純子が社長室を出て行くと、引き出しを開いて、一本だけ鍵を抜いて、自分のバッグへ入れた。　　　　（女社長に乾杯！）

　書き言葉では、3つ（あるいは3つ以上）の運動が統合化される場合には、大きな傾向として、次の3つのケースがある。

① 相対的に見て、統合度の強い場合にシテ形式、統合化の弱い場合にシ形式を使用する。したがって、主動詞に近い構文的位置にシテ形式がおかれることになる。これは、2つの運動の統合化の場合と同じ傾向である。

② どちらも A)〈一体的同時〉だが、同じ形式の連続を避けるために、シテ形式とシ形式の両方が使用される。この場合も、シテ形式の方が、

主動詞に近い構文的位置になることが多い。
③ 3つ(以上)の運動が〈生起順〉に統合化される場合にも、同じ形式の連続をさけるためにシテ形式とシ形式が使用される。この場合は、シテ形式とシ形式の順序は問わない傾向がある。

以下、順に述べる。

(2) 次の場合、すべて、シテ形式の方が、主動詞に近い構文的位置にあって、主動詞が表す運動との A)〈一体的同時〉を表している。

- 考えている隙に、エフィーは、ヨットから海に飛び込み、泳いで戻って来た。　　　　　　　　　　　　　　　　　　　　　　　（海辺の扉）
- おどろいた幸長が、肩に手をかけようとすると、中田の体はずるずると手すりからすべり落ち、甲板の上に音をたてて転がった。
　　　　　　　　　　　　　　　　　　　　　　　　　　　　　（日本沈没）
- 短気らしく舌打ちしてから隠岐氏は急に興奮し、我にもなく大きな声を出して言った。　　　　　　　　　　　　　　　　　　　（帰郷）
- ぼくは太郎のところへゆき、いっしょにあぐらをかいて床にすわった。　　　　　　　　　　　　　　　　　　　　　　　　　　（裸の王様）
- 私は封筒から英文の契約書を取り出し、手渡した。エディは眼鏡をかけ、それを遠くに離して文面を追った。読み終えると眼鏡をはずしながら言った。　　　　　　　　　　　　　　　　　　　　　（一瞬の夏）

次の場合でも、シテ形式の方が、主動詞に近い構文的位置にあって、B)〈ひとまとまり的継起〉を表している[9]。

- 父はもう1本煙草を喫い、喫い終わると地面にこすりつけて消しました。　　　　　　　　　　　　　　　　　　　　　　　　　（錦繍）
- 眠くもない目を閉じていることがバカバカしくなり、薄く目を開けて窓の外を見た。　　　　　　　　　　　　　　　　　　　（山女日記）

- 結局、はっきりした解釈がつかないままに、彼は博多に戻り、家に帰って寝た。　　　　　　　　　　　　　　　　（点と線）

（3）次のような場合は、シテ形式、シ形式ともに〈統合度の強弱〉の違いは無い。この例の「持ち」「握り」というシ形式は、主動詞「出てきた」「歩いた」と、A)〈一体的同時〉を表している。2つの運動の統合化であれば、シテ形式が使用されるのが普通であるが、シテ形式の連続を避けるために使用されていると言えよう。

- そして間髪を入れず、そのナントカカントカ・セントラ嬢がマイクを持ち、長いドレスを着て舞台に出てきた。（哀愁の町に霧が降るのだ）
- 寒さのためもあって、私はザックの負い革を両手で握り、背を丸めて足早に歩いた。　　　　　　　　　　　　　　（夜と霧の隅で）

（4）次のような例では、3つの運動が生起順に統合化されている。この場合は、「シ形式―シテ形式」の順の場合も、「シテ形式―シ形式」の順の場合もある。

「シ形式―シテ形式」
- そこでオスマンは、既存の建物や路地を潰し、大通りを作って街中に風と光を入れた。　　　　　　　　　　　　　（いちまいの絵）
- 冷たい川水をくみ、たっぷり米をといで飯盒をかけた。
　　　　　　　　　　　　　　　　　　　　　　　　（夜と霧の隅で）
- 靴を脱ぎ、一歩部屋に歩み入って、私は目を見張った。
　　　　　　　　　　　　　　　　　　　　　　（本日は、お日柄もよく）
- 透明な声でエルメスにそう伝え、ふたたびそっと立ち上がってその場を離れた。　　　　　　　　　　　　　　　　（食堂かたつむり）

「シテ形式―シ形式」
- 三原は、そこの駐在所にはいって、若い巡査に身分を言い、安田とい

う家が区域内にあるかどうかをきいた。　　　　　　　　　（点と線）
- 縁先の影は、たずさえてきた座布団を軽くはたいて、灰だらけの廊下におき、腰をおろした。　　　　　　　　　　　　　　　（日本沈没）
- 私は無花果の木から飛び下りて熊さんの隣に並び、湿った土の上に三角座りをした。　　　　　　　　　　　　　　　（食堂かたつむり）
- 男は、煙草を捨てて足で揉み消し、軽く頭を下げた。　（百年の預言）

それぞれを下記のように言い換えることが可能である。

- そこでオスマンは、既存の建物や路地を潰して、大通りを作り、街中に風と光を入れた。
- 三原は、そこの駐在所にはいり、若い巡査に身分を言って、安田という家が区域内にあるかどうかをきいた。

　書き言葉では、シテ形式の連続を避けて、シ形式が使用される傾向が強いと言えよう[10]。この点は、次に述べるシテカラ形式、シナガラ形式にも同じ傾向がみられる。

4.　シナガラ形式とシテカラ形式

　既に指摘されているように、シナガラ形式は〈同一主体〉の2つの運動の〈同時〉関係を表す。一方、シテカラ形式は、同一主体の場合も異主体の場合もあり、〈先行(継起)〉を明示する。
　シナガラ形式とシテカラ形式は、話し言葉でも書き言葉でも使用され、シテ形式では明示できないタクシス関係を表す。
　シナガラ形式とシテ形式、シテカラ形式とシテ形式のはりあい関係を考察するにあたり、運動動詞のタイプも重要になってくるため、先に、次の2分類を示しておく。以下は代表的な動詞の例示である。

　A) 必然的限界動詞；主体動作客体変化動詞(他動詞)、主体変化動詞(自

動詞、再帰動詞）
作る、壊す、開ける、帰る、行く、着く、座る、着る、壊れる、開く
B）非必然的限界動詞；主体動作動詞、動き動詞
見る、眺める、叩く、なでる、食べる、鳴らす、歩く、走る、動く、泣く、鳴る

A）〈必然的限界動詞〉とは、自動詞、他動詞、再帰動詞を問わず、〈変化〉をとらえている動詞である。変化をとらえている動詞は、そこに至れば必然的に変化が生じる時間限界を有する。一方、B）〈非必然的限界動詞〉とは、変化をとらえず〈動作・動き〉をとらえている動詞である。変化をとらえていないのでどこで終わってもよい。（奥田1992b、工藤2014）

下記の例の「作る」は必然的限界動詞であり、「見る」は非必然的限界動詞である。

- 夕食を作りながら帰りを待った。　⇔　夕食を作って帰りを待った。
- 通知表を見てからすごいと言った。⇔　通知表を見てすごいと言った。

単純化して言えば、必然的限界動詞において、シナガラ形式はシテ形式では表せない〈同時〉の時間的意味を表せる。一方、シテカラ形式の方は、非必然的限界動詞において、シテ形式では明示できない〈先行（継起）〉の時間的意味を表せると言えよう。ただし、もう少し複雑な面があるため、この点について以下述べていく。

4.1　シナガラ形式とシテ形式の関係

（1）シナガラ形式は、〈同一主体〉に限定される。そして、シテ形式が表す〈一体的同時〉の場合は、シナガラ形式は使用できない。次のシテ形式をシナガラ形式に言い換えることはできない[11]。

- 「（前略）艱難辛苦で、蘆田川の鉄橋を歩いて渡ってきたそうよ」

（黒い雨）

- 豊川は小さなブックマッチを投げてよこした。　　　（柔らかな頬）
- ラティスは調理場とテーブルとを行ったり来たりしながら、エフィーの子供時代の出来事を話して聞かせた。　　　（海辺の扉）

　以上を前提にして、以下では、どこでシナガラ形式が必要になるかを考察する。ここでも、2つの運動か、3つの運動かで違いがみられるため、この点にも留意して考察する。

（2）シナガラ形式が必要になるのは、変化をとらえている〈必然的限界動詞〉の場合である。すべて〈（変化をもたらす）動作継続〉を表している。以下のような時間関係はシテ形式では表現できない。シテ形式に言い換えると、2つの運動間の時間関係が変わってしまう。

(a) 客体に変化をもたらす主体の動作の継続（他動構造）
- 冷蔵庫からサラダ菜やクレソンを取り出しながら、サトルが声をかけてきた。　　　（コンビニ人間）
- 「それで…」首相は、やっと葉巻に火をつけながら聞いた。　　　（日本沈没）

(b) 主体に変化をもたらす主体の動作の継続（再帰構造）
- 読み終えると眼鏡をはずしながら言った。　　　（一瞬の夏）

(c) 主体に変化をもたらす主体の動作の継続（自動構造）
- 「つまらない人ね」
  女は立ち上がりながら、つんとして言った。　　　（夜と霧の隅で）
- 「いかん。宇野は、坂道をおりながらいろいろなことを考えるだろう。きみ達がいっしょでは、考えることができない」　　　（冬の旅）

　〈非必然的限界動詞〉の場合では、言い換えができない場合とできる場合がある。まず、次の場合は言い換えができない。変化をとらえていないため必然的終了限界が無いとはいえ、動作の〈終了限界〉はあるため、シテ形式にすると時間関係が変わってしまう。

- 「あ、料理が来ましたよ。食べながら話しましょう」
  （女社長に乾杯！）
- 「和歌、はよお茶買おうぜ」
  マキオの声を聞きながら、レジカウンターに走った。（コンビニ人間）
- 「(前略)何か勘違いしているのかな」
  そういいながら彼女は矢を箱の中にしまった。　　　　（宿命）
- 「いいんだ。片岡…手を出すな！」小野寺はなぐられながら叫んだ。
  （日本沈没）

一方、次のように、シテ形式と、相互に言い換えることができる場合もある。

- 私のとぼけた表情が、みるみる変わっていったのだろう。それを楽しむように、久美さんは私をみつめながら、ひと言、言った。
  「いい友達をもったわね」　　　　（本日は、お日柄もよく）
- 博士は晴れ渡った空を見上げるでもなく、すれ違う犬やお店のショーウインドウに視線を送るでもなく、ただ自分の足元だけを見つめてぎこちなく歩いた。　　　　（博士の愛した数式）
- 医師は私の手記を、記憶の途切れたところまで読み、媚びるように笑いながらいった。　　　　（野火）
- 囁き声に気がついたワダカマが、こちらを振り向くと、にっこり笑ってうなずいた。　　　　（本日は、お日柄もよく）
- ふたりは歌うように、いい合い、つないだ手を振りながら突堤を歩いた。　　　　（海の図）
- おやすみ、と手を振って、エントランスへと消えて行った。
  （本日は、お日柄もよく）

次のような場合は、シテ形式の連続を避けるために、シナガラ形式が使用されていると言えよう。

- 山本はカンカン帽に浴衣がけで、下駄を鳴らしながらステッキを突い

て暢気に歩いたそうである。　　　　　　　　　　　（山本五十六）
- その満典の背広の袖を、女たちは笑いながらつかんで、強引に坐らせ、話題を変えるからパーティーをつづけようと言った。（朝の歓び）

（3）以上はすべて〈動作継続〉を表す場合であったが、次のように〈結果継続〉を表す場合もある。シナガラ形式をシテ形式に言い換えることができるが、使用例が多いとは言えない。

- 連結部分のドアに寄りかかりながら、石山はカスミを思った。
　　　　　　　　　　　　　　　　　　　　　　　　（柔らかな頬）
- しばらくして、内藤が首をかしげながら呟いた。　　（一瞬の夏）

むしろ、〈結果継続〉を表す場合は、次のように、シテ形式の連続を避けるために使用される傾向がある。2つの運動であれば「真っ赤に染めて笑いました」のようにシテ形式が使用されるであろう。

- 「なんて美しいんだ。まるで絵のようだ」
　その言葉には、真実の響きがありました。ヤドヴィガは耳まで真っ赤に染めながら、「そう」とはにかんで笑いました。
　　　　　　　　　　　　　　　　　　　　　　（楽園のカンヴァス）
- 無我夢中で走り続け、近くの神社に辿り着いた。4人はびしょ濡れになりながら、握手して歓声をあげた。　　　　　　　　　　（宿命）
- 彩田萄子は神戸へ向かう自動車の中で、四村乙彦と並んで坐りながら、やたらに腹立たしくなった。　　　　　　　　　（アポロンの島）
- トラックはすぐに勾配の急な道にかかって、エンジンを呻らせながらのぼりはじめました。　　　　　　　　　　　　　　　（トラック旅行）

4.2　シテカラ形式とシテ形式の関係

（1）シテカラ形式は、シテ形式とは異なり、主動詞が〈継続相〉であっても〈先行〉を表し、主動詞が表す運動の開始時を示すことになる。

- 私とルートはお昼ご飯がすんでから、ずっとラジオを聞いていた。

（博士の愛した数式）
- 「ですから、このおきみなぞも、こちらさまへ上ってからは上品な顔をしてますが、これでなかなかしたたか者です。（後略）」（生々流転）

　以下では、主動詞が〈完成相〉の場合に限定して、シテカラ形式とシテ形式の関係を考察する。また、シナガラ形式と同様に、2つの運動の統合化と3つ（以上）の運動の統合化の場合とでは違いがみられることから、この点にも留意して考察する。

　（2）シテカラ形式は、〈ひとまとまり的継起〉は表さない。次のシテ形式をシテカラ形式に言い換えることはできない。

- 「ここはいいからさ。ちょっと二階に行って話してきなよ」

（柔らかな頬）
- 「私がケーキ屋さんまで走って、もらってきましょう」

（博士の愛した数式）
- 「さあ、ぐっと飲んで、いやなことは忘れちまいなさいよ」

（女社長に乾杯！）

　（3）シテカラ形式が必要になるのは、まずは〈非必然的限界動詞〉の場合である。シテ形式に変えると、〈同時〉の可能性がでてきて、〈先行（継起）〉の意味が明示できなくなってしまう。

- 僕は工場長がするのを真似て、飯の上に梅干を3つ載せてだぶだぶお茶をかけ、箸でよく掻きまわしてから食べた。　　　（黒い雨）
- そのなかにいた兵隊をつかまえて聞きたいことを訊ねると、3冊の帳面を代わりばんこに繰ってから云った。　　　（黒い雨）
- お父さんは通知表をまじまじと眺めてから、「おお、すごいね」と静かに言った。　　　（そして、バトンは渡された）

- 道子の方も、面くらったのか、咄嗟に返事ができなかったらしく、浅井の顔を眩しそうに見てから、唇許でにんまりと笑った。
（不信のとき）

ただし、非必然的限界動詞であっても〈動作の終了限界〉はあるので、次のように、シテ形式に言い換えてもいい場合もある。

- 「でも、いくらで出来るの？それを聞いてから答えるわ」
（ザボンの花）
- 「はい。手を洗ってから、そちらに行きます」　　　　（弟）
- コップを水でゆすぎ、実に事務的にふきんで拭いてから、丁寧にもとに蔵(しま)った。
（帰郷）

次のように、3つ(以上)の運動が統合化されている場合には、シテ形式の連続を避けるために、シテカラ形式が使用されていると言えよう。2番目の例では、4つの運動の〈継起〉関係を表現するにあたって、シ形式、シテカラ形式、シテ形式が動員されている。

- 独り言のようにつぶやいてから、高野は、ゆっくりと顔を上げて織絵を見た。
（楽園のカンヴァス）
- それぞれ2, 3行ずつ眼を通しただけで彼はすぐ書類を閉じ、ちょっと考えてから、あたりに人影がないのを見すまして、いきなり力まかせにそれを机にたたきつけた。
（パニック）

(4)〈必然的限界動詞〉では、a)のような場合では、シテ形式に変えると時間関係が違ってしまうが、b)のように、シテ形式に変えても大きくは時間関係が変わらない場合もある。

a) ● 蔦代は会葬者の群れに深々と頭を下げてから、正子と鶴弥を手招きした。
（木瓜の花）

- 午後、看護婦と来診した医者は、丁寧に茂蔵の胸に聴診器を当ててから、「大分弱っておられます。今年の暑さはひどかったですからね」と言った。　　　　　　　　　　　　　　　　　　　（恍惚の人）

b）
- 「安、泣き虫をつれて行け。俺は鍵をかけてから行く」　　（冬の旅）
- 正子はドライアイスを、一つ一つ丁寧に手拭いでまいてからお棺の隅に納めた。　　　　　　　　　　　　　　　　　　　　　（木瓜の花）

なお、次のような〈異主体〉の場合は、シテ形式には言い換えられない。

- 「それは行助が帰って来てから相談しましょう」　　　　（冬の旅）
- 私、あなたのお手紙、夜遅くに、主人も清高も、みんな寝てしまってから封を切りました。　　　　　　　　　　　　　　　　　（錦繡）

必然的限界動詞の場合でも、シテカラ形式が使用されるのは、3つ（以上）の運動において、シテ形式の連続を避ける場合である。

- 背広とズボンを1つのハンガーに吊るして、洋服ダンスにしまってから、道子が訊いた。　　　　　　　　　　　　　　　（不信のとき）
- 本多の母親と別れて帰宅してから、晩御飯の食卓で彼女は本多の子供のことを家族に話した。　　　　　　　　　　　　　　　（梅の花）
- 靴をはいてから、浅井は振り返ってマチ子を見た。　（不信のとき）

5. おわりに

　本章では、話し言葉か書き言葉かの違いを視野に入れたうえで、シテ形式、シ形式による〈なかどめ構造の文〉におけるタクシス関係を、時間的順序を問わない〈併存〉関係を含めて考察した。あわせて、シテ形式とシナガラ形式、およびシテ形式とシテカラ形式がどのように違っているかについて述べた。以上をまとめると、次のようになる。

1) なかどめ（中止）の構文的機能をになうシテ形式、シ形式は、統合度の強いタクシス関係を表す。主動詞が〈継続相〉であれば、シテ形式、シ形式も〈継続＝同時〉の意味になる。したがって、本章では主動詞が〈完成相〉の場合を対象にして考察した。

2) 話し言葉では、基本的にシテ形式が使用される。その用法は連続しつつも、次の4つのタイプがある。

　　A)〈一体的同時〉、B)〈ひとまとまり的継起〉、C)〈先行（継起）〉、D)〈併存〉

　　A)B)は同一主体に限定され、C)D)は同一主体でも異主体でもよい。A)B)の場合は、単文に近い文構造になっていると言えよう。C)では広義因果関係が複合化されることも多い。

3) 書き言葉では、シテ形式とシ形式が使用される。絶対的ではないが、大きくは次のような傾向がある。単純化して言えば、相対的にみて、統合度の強い場合はシテ形式、統合度の弱い場合はシ形式になる。

```
         シテ          シテ(シ)      シテ・シ   シ(シテ)      シ
強←・・・・・・・・・・・・・・【統合度】・・・・・・・・・・・・・・→弱
A)一体的同時      B)ひとまとまり的継起      C)先行（継起）        D)併存
同一主体          同一主体                  同一主体    異主体    同・異主体
```

　　書き言葉では3つ（あるいは3つ以上）の運動が統合化される場合も多いが、その場合は統合度の強弱で、シテ形式とシ形式が使い分けられる場合と、同じ形式の連続を避けるために、両形式が使用される場合がある。

4) シテ形式には、4つの用法があるため、シナガラ形式とシテカラ形式も必要になってくる。シナガラ形式は〈同時〉を明示し、シテカラ形式

は〈先行（継起）〉を明示する。

　ここで重要なのは、シナガラ形式は A)〈一体的同時〉を表すことはなく、一体性のない同時を表すことである。一方、シテカラ形式も、B)〈ひとまとまり的継起〉を表すことは無く、〈先行（継起）〉を明示することである。

　この点からも、シテ形式の用法において、統合度の強い〈一体的同時〉〈ひとまとまり的継起〉を取り出しておくことは重要であると言えよう。

注

1　シテカラ形式は、「した後」という時間状況を表す従属複文との関係では、単純に〈先行〉を表すだけでは無い場合もでてくるが、この点は今後の課題である。
2　この点が指摘されたのは、奥田靖雄構想のもとに公刊された言語学研究会・構文論グループ 1989a によってである。
3　次のような場合は、シテカラ形式でもよさそうだが、シテカラ形式ではシンプルな先行性になり、主文の動詞が表す運動の実現にとって先立って必要な運動（動作）というひとまとまり性の意味は薄まるであろう。
　　　●「どっかに停めて、少し眠ったほうがいいんじゃないの」　（月曜日の兄弟たち）
　　　●「まだ寝ないのかあ。早く窓を閉めて寝ろ」　　　　　　　　　　　（冬の旅）
4　第 4 章で述べたように、スルト形式、シタラ形式やシテ形式、シ形式が表現するタクシスには、広義因果関係が複合化されやすい。今後、広義因果関係の内実を追求しつつ、タクシス的な時間関係と因果関係がどう関わるかを考察する必要があると思われる。
5　言語学研究会・構文論グループ 1989a において、シテ形式が〈異主体〉の場合に使用されることは少ないと指摘されているが、管見の限り同じであった。後述するように、書き言葉ではシ形式の方が使用される傾向が強い。
6　シ形式では、後に読点「、」が付く。シテ形式では、主動詞直前の一体的同時の場合は「、」が付かず、逆に、先行（継起）の場合には「、」が付く傾向があると思われる。
7　わずかながら、次のような場合もある。
　　　●「参謀本部の梅津美治郎大尉は、私の大隊の中隊長だった人だ。去年、陸大を

首席で卒業している。君の受験のことを話し、戦術の指導を頼んだら、こころよく引き受けてくれた」 （責任）

8 シ形式がシテ形式と共起する場合が多いことは、新川 1990 で指摘されている。
9 なお、次の場合は、異主体の運動の〈併存〉である。同一主体（女店員）における〈一体的同時〉の方にシテ形式が使用されている。
   • 女店員はあっけにとられて壮吉を見、客は怪訝な表情を壮吉に向けた。
 （海の図）
10 なお、宮島 1982 において、1 拍の場合は、シ形式の使用比率が低いことが指摘されている。次のようなシ形式「見」は、シテ形式の連続を避けるために使用されていると言えよう。
   • 主人が出て来て、私の顔を見、「どうぞ、おあがりやして」と言ってから番頭に桔梗という部屋に案内するように命じました。 （錦繡）
11 次のように、構文的位置が主動詞の直前ではない場合は、シナガラ形式にいいかえやすい。
   • ぶらぶら歩いて、尾張町の角から松坂屋の方に渡った。 （点と線）

第6章
時間表現と主体・客体関係
―事象名詞節と事象名詞句―

1. はじめに

（1）1つの文に複数の事象を統合化するにあたって、次のようなa）とb）の2つの表現手段がある。それぞれを、a）〈事象名詞節〉、b）〈事象名詞句〉と呼んで区別しておく。

a）事象名詞節
- この友達が死んだことを僕はあまり悲しまなかった。
 （若き日の思い出）
- 私はあれほど愛している父が死ぬことさえ、心のどこかで待っていなかったでしょうか？ （たまゆら）
- （前略）当時発掘にあたった人々は、ほぼ完全なかたちを留めた古代都市が発見されたことに、さぞや驚いたにちがいない。（いちまいの絵）

b）事象名詞句
- 六花は六花なりに、あなたの死を受け入れたのではないでしょうか。私にはそう感じられてなりません。 （ライオンのおやつ）
- 今はまだ、自分の死を想像できない。 （ライオンのおやつ）
- 彼は昔その丘に一度は父に連れられ、一度は母に連れられて、切支丹の虐殺を見に行ったことがあった。 （青銅の基督）

a)の下線部分を「この友達の死」「父の死」「古代都市の発見」に言い換えることができ、逆に、b)の下線部分を「あなたが死んだこと」「自分が死ぬこと(の)」「切支丹が虐殺されるの」に言い換えることが可能である。
　どちらも、〈意味的〉には、1つの文に複数の事象を統合化している点で共通している。そのうえで、次のような違いがある。

①〈文構造〉の観点からは、
　a)は従属複文であり、下線部分は文相当の〈従属節〉である。動詞述語(非終止形)には、「死んだ」「死ぬ」のようなテンスや、「発見された」のようなヴォイス表示がある。
　b)は単文相当であり、下線部分は〈名詞句〉である。「死」「虐殺」は名詞相当であり、したがって、テンスやヴォイスは無い[1]。
②〈格〉表示の観点からは、
　a)の従属節では、「死ぬ」という自動構造の〈主体〉や「発見される」という受動構造の〈客体〉は「が格」である。
　b)の名詞句では、「ノ格」である。(以下、事象名詞句の方は、「ノ格」としてカタカナ表記とする。)

　①の点について言えば、事象名詞句では、次のように、文脈がないとどちらか分からない。「来訪すること」とも「来訪したこと」とも解釈できる。事象名詞句は、事象名詞節と違って、〈文脈〉への依存が高くなると言えよう。

　● ー私の来訪を、なぜ知っていたんだろう。
　　車窓を流れていく高級住宅街の風景を眺めながら、瑶子は考えを巡らせた。　　　　　　　　　　　　　　　　　　（暗幕のゲルニカ）

　②の点について言えば、〈他動・能動構造〉の場合、事象名詞節では、主体は「が格」、客体は「を格」で区別される。b)事象名詞句の「ノ格」は、次のように、〈主体〉を表す場合も〈客体〉を表す場合もある[2]。

〈主体〉
- 「若い若い。汝らの攻撃を見ていると、まだまるで児戯にひとしい」
  （三国志）
- この行軍に当って彼は軍規を厳にし兵士の掠奪を禁じた為に、間もなく土人の信望を集め、到る処の村々で歓待を受けるに至った。（鎖国）

〈客体〉
- （前略）アメリカ軍は、ただちにバグダッドの空爆に踏み切る可能性を示唆しました。　　　　　　　　　　　　　　（暗幕のゲルニカ）
- 世界一の巨艦の建造がはじめられたのだ。　　　　　（戦艦武蔵）
- 同じような飢餓と虐待を身をもって体験したセーラは、父から受け継いだ資産を貧困な子どもの救済に使おうと思ったはずです。
  （挑発する少女小説）

　事象名詞句では、〈人（組織）名詞〉の場合、「兵士の略奪」「（貧困な）子どもの救済」のように、日常的な常識から〈主体〉あるいは〈客体〉であることが分かる場合を除き、主体なのか客体なのかを明示するために、「ヘノ格」、あるいは「カラノ格」が使用される。
　次のヘノ格は〈客体〉であることを明示している。ノ格にすると、どちらであるか判断に迷うことになる。

- アメリカに同情を寄せる多くの国々もまた、アフガニスタンへの攻撃を容認した。　　　　　　　　　　　　　　　（暗幕のゲルニカ）
- 何も言わないことが、息子への非難を意味していた。　（青春の蹉鉄）

　逆に、〈主体〉であることを明示するために、次のようにカラノ格が使用される場合もある。ノ格にすると、「彼らを迫害すること」「自分たちの仲間を攻撃すること」という客体の可能性が排除できなくなる。

- シャビエルはここに強敵を認め、宗論をはじめる前に既に彼らからの

<u>迫害</u>を覚悟した。　　　　　　　　　　　　　　　（鎖国）
- しかし、<u>自分たちの仲間からの攻撃</u>は彼女にとって耐えがたいものであった。　　　　　　　　　　　　　　　　　　　（乞食の名誉）

　このように、ヘノ格、カラノ格の使用は、〈人（組織）名詞〉の場合に必要になってくる。

　(2) 第4章において、事象名詞節では、主文の事象時を基準点とする相対的テンス化が起こることを述べた。本章では、複数の事象を統合化する点で、事象名詞節と共通する事象名詞句の特徴を考察する。
　事象名詞句では、時間表現や「能動―受動」のヴォイスが無くなるとともに、主体・客体関係の表現のありようが変わる。従来、ノ格が主体と客体の両方を表す点が強調されてきたが、主体・客体関係の表現において、ノ格とともに、ヘノ格、カラノ格、さらには「〜ニヨル」という形式が関与することを考察する。

　(3) 事象名詞節と事象名詞句という2つの表現手段は、1つの文に、3つの事象を統合化する場合に必要になってくるであろう。以下の最初の文には、「事件を解決すること」「父親がそれを依頼したこと」「彼がそれをにがにがしく思っていた」という3つの事象が統合化されている。後の文では、「サウロが改宗したこと」「それが天啓によって導かれたこと」「ミケランジェロがそれを表現した」の3つの事象が統合化されている[3]。

- 彼は<u>父親が孫のために保守党の政治家に事件の解決を依頼したの</u>をにがにがしく思っていた。　　　　　　　　　　　　　（冬の旅）
- ミケランジェロは、上空の神が画面左下のサウロに向かって手を振りかざす身振りによって、<u>サウロの改宗が天啓によって導かれたこと</u>を明確に表現した。　　　　　　　　（誰も知らない「名画の見方」）

　これは、第5章で述べたシテ形式、シ形式と同様に、書き言葉における特

徴である。また、2つの事象の統合化においても、漢語名詞が多いという点と関係して、〈事象名詞句〉は書き言葉で使用される傾向がある。

2. 事象名詞句と連体格

（1）名詞らしい名詞とは、「物（空間）、生き物（人）」を表す〈実体性〉のある〈具体名詞〉である。このような具体名詞が主名詞（下線部分）となるⅰ）のような名詞句では、主体・客体関係は問題にならない[4]。

ⅰ）基本的な名詞句
　　子供の<u>洋服</u>、兎の<u>目</u>、飛行機の<u>翼</u>、住民の<u>図書館</u>、市長の<u>秘書</u>
ⅱ）事象名詞句
　　子供の<u>帰り</u>、兎の<u>死</u>、飛行機の<u>到着</u>、住民の<u>支援</u>、市長の<u>応援</u>、
　　火山の<u>爆発</u>

一方、ⅱ）〈事象名詞句〉では、主名詞が、〈運動（動作や変化）〉という語彙的意味を有するため、主体・客体関係を表すことになる。本章では、この場合を「ノ格」と呼び、このような名詞のタイプを〈運動名詞〉と言っておくことにする。

　　事象名詞句は、ノ格の名詞と運動名詞による構造体である。

西山 2003 では「行為名詞」としているが、「死」のような変化を表す名詞も含めて〈運動名詞〉としておく[5]。なお、類型論的考察を行っている Comrie & Thompson 2007 では、action nominal と呼んでいる。
　動作や変化を表す〈運動名詞〉には、漢語名詞が多いが、次のような和語系の派生名詞も少なからずある。「<u>小鳥の囀り</u>を聞く」のような場合も同様である。「ボイコット」「サポート」のような外来語の場合もある。

- <u>ふたりの恋のはじまり</u>を祝福しているかのようだ。（食堂かたつむり）

- 毎晩、恋人の帰りを待ちながら、食事を作った。（食堂かたつむり）
- 今日では、ミレーのように、画家が自身の家族や身近な人々をモティーフとして個人的な感情を描くことは、とくに珍しいことではない。とりわけ画家が愛情を感じる人物を描くことは、むしろ、当たり前のこととすら言えるだろう。しかし、そのミレーの試みは、西洋絵画の歴史のなかでは、非常に斬新だったのだ。

（誰も知らない「名画の見方」）
- 再発防止策として過密な公演スケジュールの見直しや外部の相談窓口の設置なども打ち出した。　（朝日新聞 2023 年 11 月 16 日）
- MoMA の建て替えと仮移転は以前からきまっていたことで、しばらく環境を変えて仕事ができるようになったのは、瑤子にとってはむしろありがたいことだった。　　　　　　　　（暗幕のゲルニカ）
- 外国のボイコットによってもっとも重要な 2 つの商品、清潔にするための石鹸と消毒のための燃料、が極度に不足したので互角の戦いではなかった。　　　　　　　　　　　　　　　（文明と病気）
- ソニーはマイクロコンピューターを 8086 に切り替える増設モジュールを提供すると予告し、CP／M-86 に加えて MS-DOS のサポートを約束せざるをえなかった。　　　　　　　（パソコン創世記）

(2) 事象名詞節と事象名詞句の間には、以下のような対応関係があると思われる。第 1 に、自動構造の場合は、次のように、連用格「が格」と連体格「ノ格」の対応になる。上述したように、事象名詞節にはテンスがあるが「スル」で代表させる。

〈事象名詞句・ノ格（連体格）〉　〈事象名詞節・が格（連用格）〉
　　ペットの死　　　　　　　　ペットが死ぬこと
　　飛行機の離陸　　　　　　　飛行機が離陸すること
　　ナチスの敗北　　　　　　　ナチスが敗北すること
　　人の出入り　　　　　　　　人が出入りすること

第 2 に、他動構造の場合は、能動構造か受動構造かで異なる。

〈能動構造〉
　　〈連体格(ノ格、ヘノ格)〉　　　〈連用格(が格、を格)〉
　　　住民の支援　　　　　　　　　住民が支援すること、
　　　　　　　　　　　　　　　　　住民を支援すること
　　　　住民への支援　　　　　　　　住民を支援すること
　　　市長の批判　　　　　　　　　市長が批判すること、
　　　　　　　　　　　　　　　　　市長を批判すること
　　　　市長への批判　　　　　　　　市長を批判すること
〈受動構造〉
　　〈連体格(ノ格、カラノ格)〉　　〈連用格(が格、から格・に格)〉
　　　住民の支援　　　　　　　　　住民が支援されること
　　　住民からの支援　　　　　　　住民から(に)支援されること
　　　市長の批判　　　　　　　　　市長が批判されること
　　　市長からの批判　　　　　　　市長から(に)批判されること

すべてに共通するのは、次の点である。

1) ノ格は、主体と客体を表す。
2) 他動構造の場合には、客体か主体かを明示するために、ヘノ格、カラノ格が使用される。

　次の第 3 節と第 4 節で、どのような場合に、ヘノ格、カラノ格が使用されるかを考察する。

　(3) なお、漢語については、自動詞と他動詞が分化していない場合が多く、次のノ格は、「東西ドイツが分断したこと」「日中の国交回復が実現するの」に対応するとも、「東西ドイツが分断されたこと」「日中の国交回復が実現されるの」に対応するとも言えよう。

- ちなみに、東西ドイツの分断によって、ケストナーはドレスデンに住む両親と離れ離れになることを余儀なくされています。

(挑発する少女小説)

- だから父はついに日中の国交回復の実現を見届けぬままこの世を去ったことになる。

(命の器)

「グループの解散」「財閥の解体」のような場合、次の3つの可能性がありうると思われる。

グループの解散を知った。　←　グループを解散すること
　　　　　　　　　　　　　　グループが解散すること
　　　　　　　　　　　　　　グループが解散されること

　また、客体とは言っても、以下の例の「両親への復讐」「教皇とスペイン王への服従」「大学への関与」のように「に格」に対応する場合は、「ヘノ格」になる。この場合は、ノ格は使用できない[6]。

- 二人はここで、いわば両親への復讐を誓ったのです。

(挑発する少女小説)

- それに対して彼は、教皇とスペイン王への服従を要求する、と宣言した。

(鎖国)

- 大学への政府の関与がさらに強まる可能性がある。

(朝日新聞 2023 年 11 月 10 日)

したがって、以下の考察は「を格」に対応する〈直接対象(直接的な客体)〉の場合である。

3. 客体を表すノ格とヘノ格の関係

(**1**) ノ格は〈客体〉を表しうるが、その場合、次の2つのタイプがある。ⅰ)

第 6 章　時間表現と主体・客体関係　175

の場合は「を格」に対応し、ⅱ）の場合は、「が格」に対応する。

ⅰ）〈他動・能動構造の客体〉
- ルースは、自分の持てる資産と情熱のすべてを<u>芸術・文化の支援</u>とそれにまつわる教育活動、そして反差別運動に捧げる意気込みを持っていた。　　　　　　　　　　　　　　　　（暗幕のゲルニカ）
- 「それでは、この宣誓の意味を十分肝に銘じて、<u>第 2 号艦の建造</u>に努力していただきたい」　　　　　　　　　　　　　　　（戦艦武蔵）
- 現に彼は<u>六郎氏の殺害</u>を予告さえしていたのだから、下手人が春泥であることに、疑を挟む余地はないのだ。　　　　　　　　　（陰獣）
- もしシチェーキンが<u>この作品の受け取り</u>を拒んだままだったら、あるいはパリにとどめおかれたかもしれない。　　　　　（いちまいの絵）

ⅱ）〈受動構造の客体〉
- 彼は昔その丘に一度は父に連れられ、一度は母に連れられて、<u>切支丹の虐殺</u>を見に行ったことがあった。　　　　　　　　　（青銅の基督）
- <u>小林多喜二の虐殺</u>によっておじけづいた人々が心理的にそれにどんどんまきこまれて行った。　　　　　　　　　　　　　　（風知草）
- <u>かれらの検挙</u>を知ると警察にまで釈放を嘆願にゆく者すらあったが、警察では、逆にこれらの市民を要注意人物として監視するようになった。　　　　　　　　　　　　　　　　　　　　（歌のわかれ）
- ボスの絵画作品は、個人的な表現というよりも、<u>魂の救済</u>を求めた時代の精神風土に根づいたもの、つまり時代の要求に応じて生み出されたものと言えよう。　　　　　　（誰も知らない「名画の見方」）
- 「なるほど、するといよいよウララ夫人という順番ですかネ。ウララ夫人の帰宅と、<u>博士の殺害</u>と、どっちが早いのですか」

　　　　　　　　　　　　　　　　　　　　　　　　（人造人間事件）
- <u>肖像画の注文</u>は途絶え、しばらくは風景画を描いたり、エッチングを彫ったりしていなければならなかった。　　　　（レンブラントの国）

次のような場合は、どちらの可能性もあると思われる。事象名詞節では、ⅰ）「遠近法を発見したこと」「（スペイン館において）ゲルニカを展示すること」「小林多喜二を虐殺したこと」とも、ⅱ）「遠近法が発見されたこと」「（スペイン館において）ゲルニカが展示されること」「小林多喜二が虐殺されたこと」とも表現できるであろう。

- <u>遠近法の発見</u>は絵画に驚異的な現実感をもたらした。（いちまいの絵）
- 「予想に反して、スペイン館における<u>〈ゲルニカ〉の展示</u>については、主要新聞にはまったく取り上げられませんでしたし…関係者も落胆しているようでした」　　　　　　　　　　　　　（暗幕のゲルニカ）
- （前略）<u>小林多喜二の虐殺</u>は、ファシズム権力の兇猛さで、国内にも国外にも心からの憤怒をよびおこした。

　　　　　　　　　　　　　　　　　（小林多喜二の今日における意義）

（2）ノ格は、上記の例のように〈客体〉を表すのだが、〈人（組織）名詞〉の場合は、主体なのか客体なのかを明示する必要がでてくる。

　次の最初の2例「患者の救出」「貧民の救助」では、日常的な常識から〈客体〉であることが分かるが、3番目の例「次郎の捜索」では、文脈が無いとどちらであるか迷う。「迷子の捜索」であれば客体であり、「警察の捜索」であれば普通、主体であるが、下記のような場合は文脈で判断することになる。

- <u>患者の救出</u>に時間をとられて、ついに器械と標本を取り出すことができなかった。　　　　　　　　　　　　　　　　　　　　（長崎の鐘）
- そこに集まる信者らは、毎月三人の当番を選出して寄附金の募集や<u>貧民の救助</u>を続けたのである。　　　　　　　　　　　　　　　（鎖国）
- かなり永い間、<u>次郎の捜索</u>が続けられた。最後に、みんながどやどやと校番室に這入って来た。　　　　　　　　　　　　　　（次郎物語）

〈客体〉であって主体ではないことを明示する必要がある時には、ヘノ格が使用される。次の場合、「仲間の裏切り」「国の批判」のようにノ格にする

と、文脈がない限り、主体の可能性がでてくることになる。

- これは、恩人であり師でもあったラスキンの教えに背く行為であると同時に、仲間たちへの裏切りを意味した。
（誰も知らない「名画の見方」）
- それに対し科博側の動きは素早く、世論に危機を訴え、「地球の宝を守れ」とセンセーショナルに呼びかけた。それゆえ、国への批判も大きく喚起することになった。（朝日新聞2023年11月6日）

ただし、「救助、虐殺、捜索」のような場合は、〈客体〉を明示するために、ヘノ格ができない。

このような場合は、次の節で述べるように、主体の方を明示するために、カラノ格や「～ニヨル」形式が使用されることになる。次の例において〈主体〉であることを明示するためには、「次郎による捜索」となる。

- かなり永い間、次郎の捜索が続けられた。最後に、みんながどやどやと校番室に這入って来た。（次郎物語）

なお、次のような場合は、「日本の社会制度の痛烈な批判」「自分の子供達の教育」ともいえるが、「～ノ」の連続をさけるという文体的な問題であろう。

- 続いて日本人の耶蘇教徒が演壇に立ち教義の説明とその偉大さを語るが、それは現在の日本の社会制度への痛烈な批判ともなっていた。
（花埋み）
- 父は、自分の子供達への教育に自信もって居ったようです。
（幾度目かの最後）

4. 主体を表すノ格、カラノ格、「〜ニヨル」形式の関係

次のノ格は主体を表し、事象名詞節では「が格」になる。

- しかしながら、アルルからの<u>ゴッホの呼びかけ</u>に応えたのは、わずかにゴーギャンひとりであった。それでもゴッホは狂喜した。
（いちまいの絵）
- <u>イタリアのエチオピア侵攻</u>に関連して日伊協定が締結され、国内の緊張感も息苦しいほどにたかまってきた。　　　　（戦艦武蔵）
- この明智探偵の心配は、そのとおりになりました。<u>警察の捜索</u>は失敗におわったのです。
（妖人ゴング）

〈主体〉であって客体ではないことを明示する必要がある時には、カラノ格が使用される。これは受動構造における主体である。事象名詞節では「臣下から(に)激励されたこと」のようになる。

- しかし葉公にとっては、<u>臣下からの激励</u>は一種の侮辱でしかなかった。彼は妙に反撥した。　　　　　　　　　　（論語物語）
- 友人に対する威厳や、<u>友人からの信頼</u>を無くしてしまう事、それは無くする当人から云っても無くされる友達から云っても、可なりの悲劇に違いないと思った。　　　　　　　　　　　（乞食の名誉）
- <u>成長した大衆からの批判</u>は、これ等団体の自己批判を刺戟し、「ラップ」加盟の動機となったのだ。　　　（ソヴェト文壇の現状）

次のように、カラノ格が使用できない場合には、〈主体〉を明示するために、「〜ニヨル」が使用される。

<u>救助隊による</u>子供の発見　←　子供が救助隊に発見されること
<u>兵士による</u>住民の虐殺　　←　住民が兵士に虐殺されること

次の場合、ノ格では、「黒人がバスをボイコットすること」「民衆が自由を獲得したこと」ではなく、「黒人のバスをボイコットすること」「民衆の自由が獲得されたこと」の可能性が排除できない。3番目の例でも「十字軍の輸送や交通や貿易の活溌化」にすると「十字軍を輸送すること」の可能性がでてくる。

- これをきっかけにモンゴメリーでは黒人によるバスのボイコットが成功し、座席差別はおこなわれないことになった。
（エルヴィスから始まった）
- 「7月14日」とは民衆による自由の獲得の代名詞なのだ。
（暗幕のゲルニカ）
- 十字軍による輸送や交通や貿易の活溌化は必然に都市の活動を刺戟し、急激にそれらを発達させた。　　　　　　　　（鎖国）

　次のような場合は、ノ格でもよいのだが、「〜ノ」の連続を避けるという文体的な問題もからんでいる。事象名詞節では、「イギリス人が機械的な織機を発明したこと」のように、「が格」と「を格」で主体と客体を明示できるため「〜によって」の使用は限定的であるが、事象名詞句では、主体の明示のために「〜ニヨル」の使用が相対的に多くなると言えよう。

- イギリス人による機械的な織機の発明は、手工業機構とその商業的機構を世界的に破壊したのである。　　　　　　　　（美学入門）
- 一揆の盛行、民衆による自治の開始、それらが次の時代の支配勢力の母胎となっている。　　　　　　　　　　　　　（鎖国）
- その後間もなく一五一三年のバルボアによる太平洋の発見が強い刺戟となり、この新しい海へ大西洋から連絡をつけようという希望が湧き上って来た。　　　　　　　　　　　　　　　　　　　　　（鎖国）
- 『サロメ』は新約聖書に登場する逸話で、ユダヤのヘロデ王の義理の娘・サロメが、踊りの褒美に囚われの聖者・ヨカナーン（ヨハネ）の首を所望するというショッキングな内容である。美姫による聖人の殺害

というタブーの戯曲化にワイルドは挑戦した。　　　（いちまいの絵）
- 「ゲルニカ」は、1937 年、スペイン内戦中に起こったナチス・ドイツによるスペインの小都市・ゲルニカ空爆を批判してピカソが制作したものだった。　　　　　　　　　　　　　　　　　（いちまいの絵）
- 「ソヴェト連邦の労働者党、即ちソヴェト連邦の共産党による政府の指導という事実は何処に現われているか？」

　　　　　　　　　　（労働者農民の国家とブルジョア地主の国家）

5. おわりに

以上をまとめると、次のようになる。

1) 複数の事象を 1 つの文に統合化する際に、事象名詞節と事象名詞句という 2 つの表現手段がある。どちらも 1 つの文に複数の事象を統合化している点では共通する。

2) 事象名詞節の特徴は次の点にある。
   ① 従属複文を構成する。
   ② 動詞述語（非終止形）にはテンス（相対的テンス）やヴォイスの分化がある。
   ③ 名詞は、連用格（が格、を格、に格、から格）である。
   　を格は〈客体〉を表す。が格は〈主体〉を表すが、受動構造では〈客体〉を表す。
   　受動構造における〈主体〉は、に格、から格で表現される。

　上記のような事象名詞節に対して、事象名詞句の特徴は次の点にある。
   ① 名詞句を構成し、単文に近い文構造である。
   ② 主名詞の語彙的意味が〈運動〉を表す点では動詞と共通するが、テンスやヴォイスは無い。
   ③ ノ格（連体格）は〈主体〉も〈客体〉も表す。どちらであるかを明示

する必要があるときには、ヘノ格、カラノ格が使用される。事象名詞節では、「〜によって」の使用は極めて限定されているが、事象名詞句では、主体明示のための「〜ニヨル」も使用される。
④ 事象名詞句は、文脈や日常的な常識への依存度が高い。

3) 事象名詞節は、話し言葉でも書き言葉でも使用されるが、事象名詞句は、書き言葉に特徴的である。これは、書き言葉では、1つの文に3つ以上の事象を統合化する構造の文が多くなること、また漢語名詞が多いこととも関係していると思われる。

注
1 「時計の故障に気づいた」のような場合は、「時計が故障しているのに気づいた」に対応することから、アスペクトも無くなる。次の例の「展覧会が開催されていること」も「展覧会の開催」になる。
　　・私は、この展覧会が開催されていることを知らずに出かけていったのだが、(中略)巨大なバナーが入り口前に下がっているのを目にした瞬間、「まさか…」と、胸をときめかせた。　　　　　　　　　　　　　　　　　　　(いちまいの絵)
2 次のように、事象名詞節において「の格」が使用される場合もある。この「の格」は「が格」に言い換えることができる。事象名詞節の動詞の直前の場合が多い傾向がある。
　　・ふと途中で、岡見の兄の歩いて来るのにであった。　　　　　　　　　　(春)
　　・「君はもう子供の生まれることを考えているんだね」　　　　　　(冬の旅)
3 次のような場合でも、事象名詞句の方が適切になる。
　　・敗戦後の日本は、新憲法の制定、財閥の解体、農地法の実施など、幾多の革命的な変革を強行したが、これらの大変革にも劣らぬものが、六三制という新学制の採用であった。　　　　　　　　　　　　　　　　　　(六三制を活かす道)
4 〈普通名詞〉は、大きく次のように3分類できるのではないかと思われる。
　　α) 具体名詞：先生、子供、ペット、魚、足、木、米、土、車、橋、教室、山
　　β) 抽象名詞：人権、教養、法律、文学、性質、意見、しくみ、決まり、原因
　　γ) 現象名詞：見送り、手伝い、掃除、命令、死　／風邪、吹雪、飢饉、渋滞

〈具体名詞〉は、空間的に存在して、実体性があり、知覚でとらえうる、時間的限定性のない〈広義のもの〉を表す。宮島1997で指摘されたように、「観客、ランナー」のような時間的限定性のあるタイプの名詞があるが、特別なものである。時間的限定性については工藤2014も参照されたい。

〈抽象名詞〉は、知覚活動ではなく、思考活動あるいは言語活動でとらえられる抽象的な意味を表す。

このように具体名詞と抽象名詞は異なっているが、どちらも時間的限定性のない点では共通する。具体名詞、抽象名詞では、主体・客体関係は問題にならない。

これに対して、〈現象名詞〉は、相対的に見て、時間的限定性のある〈一時的な事象(出来事)〉である、動作や変化という運動、生理現象、自然現象、社会現象を表す。

本章で考察の対象とするのは、現象名詞のなかの「見送り」「死」のような〈運動名詞〉である。なお、運動名詞が主名詞となる「先生の見送り」のような場合は、ノ格としたが、具体名詞、抽象名詞が主名詞となる「生徒のカバン」「日本の法律」における「生徒の」「日本の」をノ格とするかどうかについてはさらなる検討が必要であると思われる。

5 次のような例もあるが、基本的には動作や変化という運動を表している。
- ルソン島のカラオ洞窟からは、2019年に6万7000年前のものと思われるホモ属の新種ホモ・ルゾネンシスの存在が報告されています。　　　　(人類の起源)

6 「に格」は連体格ではヘノ格になるのが基本であるが、次の場合は、ノ格になる。「受験、生活、子育て」という運動名詞であり、原因の意味に近い。
- 受験に失敗する　　受験の失敗(×受験への失敗)
- 生活に苦労する　　生活の苦労(×生活への苦労)
- 子育てに悩む　　　子育ての悩み(×子育てへの悩み)

また、ヘノ格、カラノ格には、「イギリスへの留学」「外国からの輸入」のように、運動の主体・客体関係に関わらない用法もある。また、「先生への手紙」「先生からの手紙」「友人への土産」「住民からの情報」のように、主名詞の語彙的な意味が運動性ではない名詞句においてヘノ格、カラノ格が使用される場合がある。この場合の主名詞は授受に関わる名詞であるが、「駅への道」「海外からの客」のような場合もある。トノ格、マデノ格、デノ格を含めての考察については、彭1999を参照されたい。ただし、彭1999では最も使用頻度の高いノ格は対象外となっている。

終　章

　第 1 章から第 6 章までを簡単にまとめると、大きくは、次の 1)〜4) のようになる。

1) 文が表す事象の時間的タイプには、時間的限定性のある〈一時的な個別具体的事象〉と、時間が抽象化された〈反復習慣的事象〉〈恒常的事象〉がある。
　　〈一時的な個別具体的事象〉は、時間のなかでの展開のある〈動的事象〉と非動的な〈スタティックな事象〉がある。本書では、動作や変化をとらえている、動詞らしい動詞述語で表現される〈動的事象〉を中心に考察した。動詞らしい動詞である運動動詞の特徴は、テンスのみならずアスペクトが分化する点にある。

2) 一時的な（個別具体的な）動的事象では、連文（ディスコースあるいはテクスト）においても、また複文（従属複文）においても、大きくは次の 2 つのタイプの時間表現が重要になる。

　　A) テンポラリティー：〈以前―非以前〉という基準点と事象の時間関係
　　B) タクシス：〈継起―同時〉という事象間の時間的順序

　　A) のテンポラリティーについては、大きくは、A1) と A2) の 2 つの

タイプがある。〈相対的テンポラリティー〉の方は、さらに下位分類できる。これまでの研究では、テンス形式に焦点があてられてきたが、時間副詞も重要なテンポラリティーの表現手段である。時間副詞では、ダイクティックな時間副詞と相対的な時間副詞が分化している。

A1) 発話行為時を基準点とする〈ダイクティックな（絶対的）テンポラリティー〉
表現手段：テンス形式とダイクティックな時間副詞
A2) 他の事象時を基準点とする〈相対的テンポラリティー〉
A2・1) 前文の事象時を基準点とする相対的テンポラリィー（アナフォリックなテンポラリティー）
表現手段：相対的な時間副詞
A2・2) 主文の事象時を基準点とする相対的テンポラリティー
表現手段：テンス形式

B)〈タクシス〉については、B1)とB2)の点を考察した。

B1) 連文でも複文でも、〈完成―継続〉のアスペクトが〈継起―同時〉のタクシス的機能を担う。スルト形式、シタラ形式にはテンスはないが、シテイルト、シテイタラというアスペクトは分化しており、このアスペクトが〈継起―同時〉のタクシス関係を表し分ける機能を発揮する。主文のアスペクトが継続相（シテイル、シテイタ）の場合は、スルト、シタラであっても〈同時〉（部分的同時性）になる。
B2) シテ形式、シ形式、シナガラ形式、シテカラ形式も、一定の張り合い関係のなかでタクシスを表し分ける。（ただし、シテ形式やシ形式には時間的順序を問わない〈併存〉の用法もある。）

①〈なかどめ（中止）〉の構文的機能をになうシテ形式、シ形式

は、主動詞が〈継続相〉の場合には、シテ形式、シ形式も〈継続〉の意味になる点で、スルト形式、シタラ形式に比して、相対的に〈統合度〉が強い。

② 主動詞が〈完成相〉の場合には、シテ形式には4つの用法があるが、同一主体の〈一体的同時〉〈ひとまとまり的継起〉という統合度の強いタクシス関係を表すことに特徴がある。

③ 書き言葉を中心に使用されるシ形式は、シテ形式との関係上、相対的に統合度の弱いタクシス関係（異主体の事象関係など）を表す傾向がある。そして、1つの文に3つ以上の事象（運動）を統合化する際にも、シテ形式とシ形式がその機能を発揮する。また、シテ形式の連続を避けるためにも使用される。

④ シテ形式が多義・多機能であることから、〈同時〉〈先行〉を明示する形式として、話し言葉、書き言葉を問わず、シナガラ形式、シテカラ形式が使用される。シナガラ形式やシテカラ形式は、シテ形式とは違って、主動詞のアスペクトに関わらず、同時や先行を明示する。そして、シテ形式とは違って、一体的同時やひとまとまり的継起は表さない。

3) 実際の言語活動において、発話行為時を基準点とする〈過去―現在―未来〉という事象のダイクティックなテンポラリティーが重要であることに間違いはないが、〈事象間の時間関係〉を表すことも重要である。〈相対的テンポラリティー〉と〈タクシス〉は、下記のようにY）事象間の時間関係を表す点で共通する。そして、相対的テンポラリティーとは違って、タクシス関係は、広義因果関係と複合化されやすい。

　　　X）発話行為時を基準点とするダイクティックなテンポラリティー
　　　Y）事象間の時間関係
　　　　Y1）他の事象時を基準点とする〈相対的テンポラリティー〉
　　　　Y2）事象間の時間的順序を表す〈タクシス〉

〈継起〉〈同時〉といった用語は多くの文献で使用されているが、本書では、タクシスとしたうえで、相対的テンポラリティーと共通する〈事象間の時間関係〉を表し分ける意味・機能的カテゴリーとして位置づけ、その諸相を考察した。

4) 以上の2)3)の点が、本書の骨子であり、第1章、第4章、第5章で考察した。あわせて、次の点も述べた。

　第2章では、〈はなしあい〉という言語活動における文のテンポラリティーを考察した第1章の補足として、ダイクティックな(絶対的)テンポラリティーでは、話し手の評価・感情等のモーダルな意味が複合化される場合があることを述べた。

　第3章では、〈かたり〉のテクストにおける、ノダを伴わない〈記述の文〉とノダを伴う〈説明の文〉をとりあげて、連文間の時間構造と説明の構造の関係を考察した。時間的限定性のない事象は、ノダを伴わなくても、前文が表す一時的な個別具体的事象(時間的限定性のある事象)に対する〈説明〉の機能をはたしうる。

　第6章では、1つの文に複数の事象を統合化している点では〈事象名詞節〉と共通しつつも、テンスやヴォイスが無くなるとともに主体・客体関係が連体格で表現される〈事象名詞句〉の様相を考察し、従属複文と単文は連続的であることを示した。

本書での考察対象は限定されている。今後は、言語活動のタイプ化、発話場面や文脈との関係、複文のタイプ化、従属複文と単文との関係(連続性のありよう)、また時間関係(特にタクシス)と広義因果関係の複合化の様相等の諸課題をさらに追及しつつ、文(発話)の時間表現の総合化を行っていく必要があると思われる。

補　部

第1章
奥田靖雄の動詞論
― 構文論と形態論の関係 ―

1. はじめに

1.1 本論文が提起するもの

　ここでは、奥田靖雄 1996–1997「動詞―その一般的な特徴づけ―」(『奥田靖雄著作集 3　言語学編(2)』所収)を取り上げる。

　本論文は、日本語の動詞について様々な事実を寄せ集めるというよりも、文のなかで〈述語〉という重要な機能を担う品詞(単語グループ)である〈動詞〉への一定の展望をあたえることを目指している。奥田靖雄は半世紀にわたって強靭な思索を続けてきたが、動詞をめぐって展開されるこの論文において、文法研究へのどのような展望が与えられているのか、これを考えてみることがこの章の目的である。

　奥田の文法研究は、「こどもたちをすぐれた日本語のにないてに育てる」という教育実践とのむすびつきのもとに展開してきた[1]。

　奥田の文法研究の出発点とも位置づけられる「単語について―文法研究にはいるために―」1953 において、いわゆる学校文法における単語の認定が間違っているとし、それは、動詞において特にひどいと述べている。この意味でも、単語の基本的特徴をとらえたうえで、〈動詞の活用表〉をどう組み立てるか、を追求することは奥田にとって必然的課題であった。

　1968 年に公刊された『にっぽんご 4 の上』および 1972 年に公刊された『日本語文法・形態論』(鈴木重幸氏による解説書)においては、いったん構文論を括弧にくくったかたちで、形態論的観点からの一定の成果が提示された。

そのうえで、本論文では、動詞の活用のあり方を真にとらえるにあたっては、構文論的側面と相関させることが必要不可欠であり、〈構文論的機能〉抜きには動詞の活用という〈形態論的かたちづけ〉の本質がとらえられない、としている。本論文のキーワードは、〈文の陳述性〉と〈動詞述語のテンス・アスペクト・ムード体系〉であると言ってもよいだろう。

　この論文に示されているのは、相対的に形態論的表現手段が発達している日本語における、文の基本的特徴に相関する動詞の活用への新たな展望であり、今後さらに深化させていくべき課題の提示である[2]。

1.2　構文論と形態論の相互作用

　奥田は、当初より、以下の「日本語の文法的クミタテ」1954、「ことばの組みたて」1956 の章だてからも見えるように、文を対象とする構文論と、単語を対象とする形態論とを、有機的な関係のなかにある 2 つの文法領域として追究することによってこそ、言語（日本語）の文法構造の全体像を浮かび上がらせることができる、というグランドプランをたてていた（なお、以下の「文章論」は「構文論」のことである）。以下では、奥田論文から適宜引用しつつ述べていくが、ゴシック体で示した奥田論文からの引用にあたっては、本書の筆者により、多少の簡略化や下線等の補充が加えられていることに注意されたい。

　　　「日本語の文法的クミタテ」　　　　　「ことばの組みたて」
　　　　第一章　まえがき　　　　　　　　　はじめに
　　　　　(1) 文と単語　　　　　　　　　　単語について
　　　　　(2) 品詞　　　　　　　　　　　　文法について
　　　　　(3) 単語のカワリ方　　　　　　　形態論について
　　　　第二章　ヒトエ文のクミタテ　　　　文章論について
　　　　第三章　アワセ文のクミタテ

　このように、〈言語活動〉の基本的単位としての〈文〉と、言語の基本的単位であり、文の構成材料となる〈語彙・文法的な統一体〉としての〈単語〉

の、2つの研究領域である〈構文論〉と〈形態論〉とからなる点で、構文論一本槍の文法研究（構文論主義）とも、また形態論を認めるとしても、構文論とは切断されたかたちになってしまう文法研究（形態論主義）とも異なるものである。「ことばの組みたて」1956 において、次のように述べている。

> 形態論的な現象が文章論的な現象のなかでとりあつかわれなければならないということは、原則的には形態論的な現象をつくりだした歴史的な道すじによって支持されます。形態論的な現象は、単語を組みあわせて、つかううちに、できあがったものです。（中略）わたしたちはひとまず形態論的な現象を文章論的な現象からきりはなしますが、このばあい、文章論的にはどうはたらいているかというふうに、形態論的な現象をとりあげなかったら、研究はすすみません。
>
> こうしてみると、単語の形態論的なかたちというものは、かつて積極的にはたらいていた文章論的な手つづきの（単語の組みあわせ）の固定化であるといえます。この固定化の道すじがわからなければ、単語の形態論的なつくりはわかりません。したがって、単語の形態論的なつくりをしらべるということは、まさに形態論的なかたちをつくりだしていく歴史的な道すじをしらべるということになります。こういうところに、古代語や方言を研究しなければならないわけがあるのです。

奥田は 1976 年の論文「連用、終止、連体‥‥」（奥田 1985b『ことばの研究・序説』所収）において、より具体的に次のように述べている。

> 日本語をめぐる、ここ数十年のあいだの文法研究が形態論的な段階にあったことは間違いないのだが、形態論的な研究に熱中するとき、自分たちの形態論的な研究を貧弱にしてしまうほど、構文論的な現象は自分たちの視野からとおのいていく。
>
> <u>動詞の活用表をパラダイムにまとめるとすれば</u>、<u>構文論的機能から</u>、連用、終止、連体、条件の 4 つのかたちに限定しなければならない。

奥田は、1978年より、宮城国語部会の教師たちとともに、新たな日本語文法の教科書作りに取り組み始めるが、次に示すのは、その編集のための「講義資料」1986からの引用である。この講義資料は『奥田靖雄著作集6 補遺編』に収録されている（また、奥田靖雄著（教育科学研究会国語部会編）2021『現代日本語文法の基礎―『にっぽんご宮城版』とその理論―』もむぎ書房より公刊されている）。

　　　文法論の研究の対象を全体としてながめてみることで、文法が、一方では単語の文法的な性質をめぐって、他方では文の文法的な性質をめぐって、ふたつの領域をつくりながら進行していることがあきらかになる。連語は文の成立までにいたらない、文を準備する単語のくみあわせであって、単語と文との中間的な性質をもっている。あわせ文は、文のバリエーションである。こうして、文法論は、単語を研究する形態論の領域と、文を研究する構文論の領域におおきくふたつにわけられるだろう。

　そして、構文論と形態論の相関性を、次のように再確認する。本論文は、この点をめぐって展開されるのである。

　　　形態論が文をくみたてる材料としての単語を研究するのであれば、構文論は形態論をしたがえている。歴史的にみるなら、形態論的な事実は、文の構文論的な構造のなかで、単語にあたえられる意味的な、機能的な役わりの固定化である。したがって、単語の文法的なかたちは、形態論的な現象でもあるし、構文論的な現象でもあるだろう。それは、文の構文論的な構造のなかにあらわれてくるかぎり、構文論の対象でもある。

　本論文の構成は、次のようになっているが、〈構文論的な機能〉と〈形態論的なかたちの体系〉、〈文の陳述性〉と〈終止形〉というキーワードから分かるように、〈構文論〉と〈形態論〉とがきりむすぶところに〈動詞〉が位

置づけられている点に、まずは留意することが重要になる。

(1) 品詞としての動詞
(2) 動詞の語彙・文法的な系列
(3) 動詞の構文論的な機能と形態論的なかたちの体系
(4) 文の陳述性と終止形

　研究プロセスの途上においては、形態論か構文論か、というかたちで両者を切り離して記述する段階があるのは当然であるが、構文論研究が本格化した時期に書かれたこの論文においては、新たな段階に引き上げられていることに注意しなければならない。したがって、本論文を理解していく前提として、奥田における〈構文論〉の枠組みを理解しておくことが不可欠になる。この点について、まず、本論文に関わる点に重点をおいて示しておくことにする。

2.　構文論の枠組み─本論文の前提として─

　奥田は「文のこと」1984a以来、構文論研究を本格化させてきた。この節では、次の順序で、構文論の枠組みを、簡略化したかたちで説明する。

2.1　言語活動の単位としての文
　　　(1) 人間の社会的な対象的な活動と言語活動
　　　(2)〈はなしあいの構造〉〈テキスト(段落)の構造〉のなかの文
2.2　文の基本的な特徴
　　　(1) 文の2つの側面としての対象的な内容と陳述性
　　　(2) 陳述性の3つの側面

2.1　言語活動の単位としての文

　〈文〉は、〈言語活動〉の基本的単位であるが、この文を対象とする構文論を出発させるにあたり、奥田は、まず、人間の社会的な対象的な活動のなか

に言語活動を位置づける。そして、文を、場面・文脈から切り離すことはできない、とするのである。以下の引用論文は、「文のこと」(奥田1985b『ことばの研究・序説』所収)を除き『奥田靖雄著作集2 言語学編(1)』『奥田靖雄著作集3 言語学編(2)』に所収されている。

(1) 人間の社会的な対象的な活動と言語活動

まず、次のように、言語活動を、人間が現実を認識し、想像し、また新たな現実を創りだしていくための、伝え合いという社会的な活動の一環としてあると位置づけている。

> 人間は自分の生命を保証し、自分の生活を発展させるために、自然に存在する物にはたらきかけて、それをつくりかえるのだが、このような人間活動は、社会のなかで集団的におこなわれる。そして、《はなしあう》という言語活動は、この、社会における対象的な活動をなりたたせるための、人びとのあいだの交通であって、そのような人間活動のそとでは、成立のいかなる必然性もない。　　　（「文のこと」1984a）

(2) 〈はなしあいの構造〉〈テキスト（段落）の構造〉のなかの文

上記のような言語活動の基本的単位として〈文〉がつくりだされるわけであるが、文を複数の単語からなる構造体としてだけ規定するのではなく、文の絶対的自立性はないとして、はなしあいの構造やテキスト（段落）の構造に条件づけられている、とする。とりまく環境、他の文との有機的なむすびつきのなかにあるものとして、文を位置づけるのである。

> 常識的なことであるが、文は言語活動の、その所産である言語作品の、もっともちいさな単位である。（中略）話しとかテキストは、ひとつの文でなりたっていることがむしろまれであって、いくつかの文でなりたっているのがふつうである。したがって、<u>文は、話し、話しあい、テキストをくみたてている部分＝要素であって、みずからの成立と存在はそれらの構造によって条件づけられている</u>。文を話し、話しあい、テ

キストからきりはなして、その意味と機能とをしらべるのは、たぶんらんぼうなし方なのだろう。　（「文のこと―文のさまざま(1)―」1985c）

2.2　文の基本的な特徴

　以上を踏まえた上で、文の基本的な特徴を、〈文の対象的な内容〉と〈文の陳述性〉という2つの側面の相関体としてとらえ、〈文の陳述性〉には3つの側面がある、とする。

(1)文の2つの側面としての対象的な内容と陳述性

　次の引用①から分かるように、〈文の対象的内容〉と〈文の陳述性〉が、足し算的にとらえられていないことに注意しなければならない。〈文の対象的内容〉と〈文の陳述性〉とは、文を文たらしめる2つの側面として統一している、とするのである。そして、「なんでも描いてみせる二語文にこそ、文の本質的特徴がある」「一語文が歴史的に先行しているとしても、無限に多様な出来事を伝えるためには、単語の組み合わせによる分割的な表現形式としての二語文が不可欠である」として、②の点を述べる。

> ①　すでに述べてあるように、文がその内容に出来事をえがいていることは、文にとってきわめてたいせつな、本質的な特徴である。ぼくは、文の内容にとりこまれた出来事、意味的な内容としての出来事の事を《文の対象的な内容》とよんでいる。この対象的な内容としての出来事は、その相対的な独立性のために、現実の世界の出来事からきびしくくべつしなければならない。前者は後者の観念的な再生である。描写であり記述である。
> 　しかし、この描写としての出来事は、現実の世界の出来事が文のなかに鏡のごとくうつしだされたものではない。話し手が現実の世界から自分にとって意味のある出来事を積極的にきりとってきて、文のなかに描き出したものであって、自然発生的なものではない。（中略）したがって、文の対象的な内容としての出来事には、話し手の、現実に対する関係のし方がつねにつきまとっている。そして、この、話し手の、現実に

対する関係のし方は、話し手の立場からとりむすばれる、文の対象的な内容と現実との関係のし方として、そのなかに表現されている。
(「文のこと―文のさまざま(1)―」1985c)

② 人間は文によって現実の世界の出来事をとらえて、つたえあうのであるが、この通達の行為は、出来事を《人》と《動作》とに、《物》と《状態》とにいちどくだいて、それらをくみあわせるというし方でおこなう。人間がこのような芸当をやってのけることができるのは、まさしく言語という手段をもったおかげである。人間は《単語》という建築材料をたくさんたくわえて、これをつかって文をくみたてるのだが、この背後にはこのような分析と総合の過程が進行している。こうして、現実の世界の出来事をとらえる文にとって、<u>主語</u>と<u>述語</u>という、ふたつの部分は、かかすことのできない、一次的な要素としてあらわれてくる。

われわれは、主語としてはたらく単語と述語としてはたらく単語とをくみあわせることで、現実の世界におこっている出来事をとらえて、のべているのである。したがって、文は現実の世界の出来事についての<u>陳述 predication</u> である。言語学は、文の対象的な内容と現実とのかかわりのことを《陳述性》predicativity という用語でよんで、ほかの言語的な構築物から文をとりたてる、もっとも重要な言語的な特徴であるとしている。
(「文の意味的なタイプ」1988a)

(2) 陳述性の3つの側面(モダリティー、時間、人称)

「文の対象的な内容としての出来事が現実の世界とどうかかわっているか」という、文の基本的特徴としての〈陳述性〉には、〈モダリティー〉〈時間〉〈人称〉という3つの側面がある、とする。日本語では〈人称〉が形態論化されていないため、本論文では〈モダリティー〉〈時間(テンポラリティー、アスペクチュアリティー)〉が中心になる。

以下の①で示されているように、モダリティーの構造の土台にはモーダルな意味があるとする点、また②で示されているように、すべての文において、時間も、陳述性の重大なファクターとしてあり、現実の出来事の〈話し

手による確認〉というモーダルな意味を表す〈ものがたり文〉においては、時間が完全なかたちでそなわっている、としている点に注意されたい。

① 〈はなし手の立場からとりむすばれる、文の対象的な内容と現実とのかかわり方〉は、文の文法的な構造のなかにいいあらわされていて、modality と呼ばれる文の文法的なカテゴリーをかたちづくる。モダリティーの階層的な構造の土台には、モーダルな意味がひかえている。一般的にいって、文というものは、現実の世界にたいする、はなし手の積極的な態度の表現である。この、はなし手の積極的な態度は文の文法的な構造のなかにいいあらわされて、文のモーダルな意味としてあらわれてくる。このモーダルな意味が、文の、もっとも重要な文法的なかたちであって、文を文法的な観点からその対象的な内容を存在の形式として特徴づける。文の完結性はこのことによって達成する。
　　　　　　　　　　　　　　　　（「文のこと―文のさまざま（1）―」1985c）
　モーダルな意味は、文の対象的な内容としての出来事が存在するし方として、あらゆる文につきまとっていて、モダリティーに属する、そのほかの文法的な意味をしたがえている。モーダルな意味はすべての文にとってかかすことのできない、いちばんたいせつな文の文法的な特徴である。文の存在を決定づけていて、文の陳述的な構造のなかで土台をつとめている。ぼくはここでは次のような一覧表を採用する。

　　I　のべたてる文
　　　　1) ものがたり文
　　　　2) まちのぞみ文
　　　　3) さそいかけ文
　　II　たずねる文　　　　　　　（「条件づけを表現するつきそい・あわせ文
　　　　　　　　　　　　　　　　　　　―その体系性をめぐって―」1986c）

② 現実の世界の出来事が時間のなかで進行しておれば、それのうつしである対象的な内容としての出来事も時間をもってくるのは、当然のこと

である。さそいかけ文、まちのぞみ文も例外ではないが、とくに現実の世界の出来事の確認である《ものがたり文》は、さまざまな時間を完全にそなえていて、それが対象的な内容としての出来事を<u>現実の世界の出来事</u>にむすびつける。こうして、<u>文の時間は、陳述性として文を文法的</u><u>に特徴づける、重大なファクター</u>としてあらわれる。

（「条件づけを表現するつきそい・あわせ文
—その体系性をめぐって—」1986c）

　以上、構文論の枠組みの概略を示したが、〈文の陳述性〉は、本論文のキーワードである。文を文たらしめる特徴である〈陳述性〉は、モダリティーだけでなく、「時間も重要なファクターとなっている」ととらえていることに注意されたい。

3. 本論文の見取り図と補足

　本論文の論述は、いわば螺旋的な展開になっているため、先に見取り図を示す。また、アスペクトが、テンス・ムードとの関係づけのなかで文の陳述性の一翼を担うとする本論文を理解するために、本論文では略されている〈アスペクトの意味と機能の統一性〉についての補足を行っておくことにする。

3.1　本論文の見取り図

　（1）本論文は、極めて単純化して言ってしまえば、〈動詞〉という品詞（単語グループ）の最も重要な特徴は次の点にあると、述べたものである。

① 動詞は、基本的に、個別具体的な時間のなかに現象する〈運動（動作・変化）〉を表すがゆえに、
② 文のなかで〈述語〉としての〈構文論的機能〉を担う。（終止、連体、連用、条件の4つの機能がある。）
③ そのなかでも、単文あるいは主文の述語として機能する〈終止形〉は、

〈運動（あるいは出来事）を現実に関係づける〉という〈陳述的な機能（predicative function）〉を担うセンターとなるがゆえに、
④ 終止形には、〈テンス・アスペクト・ムード〉の形態論的なかたちの体系がある。

　③と④については、本論文で次のように述べられていることを先に示しておく。この論述は、冒頭に示した、構文論と形態論の関係に関する奥田のスタンスの具体化であり、構文論主義とも形態論主義とも異なる点に注意しなければならない。また、形態論的表現手段は、言語によって様々であり、日本語は、相対的にみて、形態論的表現手段が発達した言語であると位置づけていることも重要である。

③の点：文にえがきだされる出来事は、現実との関係のし方として、モダリティー、テンポラリティー、アスペクチュアリティーにつきまとわれている。つまり、文の対象的な内容としての出来事は、現実にたいする《私》の関係のしかたとして存在している。そして、その出来事は、《私》の《はなす》という行為との時間的な関係のなかに配置されている。そして、また、他の出来事との外的な時間構造のなかに配置されている。このとき、他の出来事（私のはなすという行為をふくめて）との時間構造のなかで、文にえがきだされる出来事は、みずからの内的な時間構造をさらけだすことになる。たぶん、<u>文の陳述性の具体的な内容</u>とは、こういうことなのだろう。

④の点：<u>文の陳述性</u>は、<u>動詞述語文</u>においては、なによりもまず、<u>動詞のテンス・アスペクト・ムードのかたちのなかに表現されている</u>。
　　しかし、文の陳述性の表現手段としての、動詞の形態論的な体系は、あらゆる言語にとって義務的であるとはいえない。しかし、日本語のような言語では、文を表現する諸手段において、動詞の形態論的なかたちが土台にあって、そのほかの諸手段をしたがえている。文の陳述性を表現するために構文論的な手つづきと形態論的な手つづきの、2つのし方

があるが、日本語はより形態論的な言語であるといえよう。
　文の陳述性を表現するための形態論的な手つづきは、構文論的な手つづきの固定化、つまり形態論化であって、そのことがもっとも使用頻度のはげしい、主要な部分からおこってくるとすれば、文の陳述性の表現における、形態論的な手つづきとしての、動詞のテンス・アスペクト・ムードの役わりの重大さがみえてくる。

（2）上記のことと関わって、本論文の次のような構成からわかるように、〈（構文論的な）機能〉と〈（形態論的なかたちづけの）体系〉がキーワードになっている。

(1) 品詞としての動詞
(2) 動詞の語彙・文法的な系列
(3) 動詞の構文論的な機能と形態論的なかたちの体系
(4) 文の陳述性と終止形

〈機能〉とは、相互に関連性をもって全体を構成する部分あるいは要素の役割である。全体のなかでの部分の役割、あるいは環境のなかでの要素の役割をとらえなければならないというのは、奥田の文法研究全体を貫く方法論の柱である。
　また〈体系〉とは、対立と統一による要素間の関係であり、それぞれの形態論的なかたちの意味は、ひとつの体系のなかで規定されつつ、文法的カテゴリーを形成することになる。最もよく読まれていると思われる奥田1977「アスペクトの研究をめぐって」において具体化されているように、要素を（ばらばらに）切り離して扱うのではなく、体系的にアプローチしていくことは、奥田の文法研究全体を貫くもうひとつの柱である。この方法論が、（経験主義的な）意味論的枠組みとしてのアスペクトではなく、形態論的カテゴリーとしてのアスペクトの発見につながったと考えなければならない。
　そして、本論文では、さらに、〈終止形〉という機能のなかで統一化されたものとして、〈ムード・テンス・アスペクト体系〉の一体性が提示されて

いくのである。なお、奥田論文では、ムード、テンス、アスペクトの並べ方に揺れがあるが、本質的違いは無いので、以下では奥田論文の引用のかたちで述べる。

3.2　補足：アスペクトの意味と機能の統一性

　上記のように、アスペクトがテンス・ムードと一体化して、文の陳述性の中心になると述べられているのであるが、本論文においては、アスペクトの機能、つまりは〈アスペクトの意味と機能の統一性〉に関する説明が略されているため、以下の3点を補足しておくことにする[3]。

　①時間は出来事の最も普遍的な存在形式であるがゆえに、終止形の動詞の〈直説法〉では、テンス・アスペクトとして存在している。テンスが発話行為時を基準点とする時間的位置づけであるとすれば、アスペクトは〈完成―継続〉の対立として現れる。両者の一体性は、なによりも「シテイル」という形態論的なかたちが、時間的に〈継続・現在〉を表すことからも明らかである。アスペクトの外ではテンス的位置づけができないのである。

　②テキストのなかでは、同じ〈運動（動作・変化）〉が、完成相形式でさしだされたり、継続相形式でさしだされたりする。したがって、「この話し手の選択を決めるのは何か」ということが問題になるわけであるが、現実の世界の出来事は、他の出来事との時間関係のなかにあるがゆえに、複数の運動（動作・変化）の継起の関係、あるいは同時の関係を表現するために、完成相と継続相の2つのかたちが必要になる、と考えなければならない。

　③したがって、奥田は、動詞の形態論的なかたちとしてのアスペクトを、(a)のように規定し、アスペクトの意味と機能とはひとつに統一しているとするのである。

　（a）いくつかの動作（変化・状態）のあいだの外的な時間的な関係のなかで、
　　　動作（変化、状態）それ自身がもっている、内的な時間構造をとらえる。

(b) 動作の<u>内的な時間構造</u>が<u>アスペクトの意味</u>のなかにやきつけられていて、その<u>機能</u>は<u>テキストの構造</u>のなかに表現されている。動作の内的な時間構造への分解が外的なテキストの構造のなかでおこなわれているとすれば、<u>アスペクトの意味と機能はひとつに統一</u>していて、きりはなすことはできない。　　　　　　　　　　　　（「動詞の終止形」1993–1994）

4. 本論文の内容について

4.1 本論文の骨組み

　本論文は、上述したように、(1)品詞としての動詞、(2)動詞の語彙・文法的な系列、(3)動詞の構文論的な機能と形態論的なかたちの体系、(4)文の陳述性と終止形、という構成になっているが、「(1)品詞としての動詞」の箇所において、論文の骨組み(全体像)が提示され、続く3つの節では、その具体化や厳密化等が図られている。したがって、まず、その骨組みを示すと、以下の①〜⑥のようになる。(なお、ここでは、「語彙・文法的な系列」の箇所については触れない。これについては、文の対象的な内容等との関係も含めて、改めて考えていくことが必要である。)

　①において、「(2)<u>構文論的な機能</u>、(3)<u>形態論的なかたちの特殊な性格</u>」の順序になっていることに注意されたい。構文論的機能が、形態論的なかたちの体系に優先され、機能にふさわしい形態論的なかたちづけになる、としているのである。

　「(3)<u>形態論的なかたち</u>」を二次的なものと位置づけることと関わって、「(3)<u>形態論的なかたち</u>」は、あらゆる言語において義務的ではないこと、日本語は、相対的に見て、形態論的な言語と位置づけられていることにも注意されたい[4]。

① 品詞としての動詞は、(1)<u>語彙的な意味</u>、(2)<u>構文論的な機能</u>、(3)<u>形態論的なかたちの特殊な性格</u>にしたがって、ひとつのグループにまとめられる、単語の集合である。
② 動詞はその語彙的な意味に具体的な現象としての<u>動作、変化、状態</u>を

とらえているということから出発しよう。このような動詞の本質的な特徴は、文の構文論的な構造において述語としてはたらく、という機能とからみあっている。こうすることで、動詞はテンス・アスペクト・ムードの形態論的な体系をもたされる。
③ 動詞は、その構文論的な機能にあわせて、終止、連体、条件、連用の、4つの形式をもつことになるのだが、これらの形式はそれぞれがみずからの機能にふさわしい、形態論的なかたちの体系をなしている。
④ 動詞の終止形は、ひとえ文（単文）の述語の位置にあらわれて、言語的な意味としての動作を言語外的な動作に関係づけていく、陳述的な機能をはたしている。この陳述的な機能をはたすために、動詞の終止形はテンス・アスペクト・ムードの形態論的なかたちを採用しなければならない。
⑤ 日本語の動詞の終止形は、発達した形態論的なかたちの体系を所有している。しかし、あらゆる言語にとって義務的であるとはいえない。動詞の陳述性は語彙・構文論的な手つづきによって、あるいは語順によって、あるいはイントネーションによって表現されていて、動詞の形態論的なかたちはかならずしも必要としないのである。日本語は相対的により形態論的な言語であるといえる。
⑥ 形態論的なてつづきは、構文論的なてつづきの固定化であり、もっとも使用頻度のはげしい、主要な部分からおこってくるとすれば、文の陳述性の表現における、形態論的なてつづきとしての、動詞のテンス・アスペクト・ムードの役わりの重大さが見えてくる。

このような骨組みを念頭において、以上の③④の点、および⑤⑥の点をみていくことにする。

4.2 動詞の構文論的な機能に応じた形態論的なかたちの体系

ここでは、文のなかにあらわれる動詞には、「終止、連用、連体、条件」の、4つの構文論的な機能があるとし、この4つの機能には、それぞれにふさわしい、形態論的なかたちの体系がある、として論述が展開されている。

その最も中心的な〈終止〉の機能は、次のような、形態論的なかたちの体系として表現されているとする。

			完成	継続
直説法	いいきり	非過去	はなす	はなしている
		過去	はなした	はなしていた
	おしはかり	非過去	はなすだろう	はなしているだろう
		過去	はなしただろう	はなしていただろう
命令法	命令		はなせ	はなしていろ
	勧誘		はなそう	はなしていよう

ここで重要なのは、次の指摘である。

① 動詞の〈終止形〉は、文の対象的な内容を現実に関係づけるというはたらきをおこなう（predicative function）。
② このような終止形の〈機能〉が、これらの形式をテンスの、アスペクトの、ムードの意味のにない手にしていく。いいかえれば、終止形に所属する形態論的なかたちは、それぞれが、テンス・アスペクト・ムードの観点からの規定を受けながら、対立と統一の関係のなかで、ひとつの体系、つまり〈テンス・アスペクト・ムード体系〉をつくりだしている。
③ 終止形における、上記のようなパラダイムとしてある形態論的なかたちは、それぞれが、ムードの意味、テンスの意味、アスペクトの意味をみずからのなかに集約していて、文の陳述性の表現手段としてあらわれてくる。

続いて、〈連用形〉の体系を次のように示し、ここでも、相互に補いあう、相互に対立する複数の形態論的なかたちの体系をなしているとする。重要なことは、終止形と連用形の機能の違いに応じて形態論的なかたちの体系に違いがでてくるという点である[5]。

| 第1なかどめ | 第2なかどめ | 同時形 | 先行形 | 共存形 |
| はなし | はなして | はなしながら | はなしてから | はなしたり |

　続いて〈連体形〉については、「終止形の連体用法」とした鈴木1972『日本語文法・形態論』とは異なり、〈構文論的機能〉の優先性の観点から、終止形とは区別して連体形をたて、機能的な違いにあわせて形態論的なかたちの体系に違いがおこっている、としている。

　最後に、以上の、終止形、連用形、連体形とは異なる構文論的機能を担う形態論的なかたちの体系として、〈条件形〉を示しているが、これについては、〈条件づけ―条件づけられ〉のさまざまな因果関係を体系的にとらえていくためには、今後の課題が多々あるとしている。ここでは、構文論的アプローチと形態論的アプローチとの絡み合いが複雑な様相を呈することを指摘し、重要な切り口として〈客体の側からの論理〉と〈主体の側からの論理〉という観点があると述べている[6]。

　連用形、連体形、条件形の本格的な記述は今後の課題としているのであるが、重要なことは、終止形も含めて、〈構文論的機能〉において統一されている形態論的なかたちの体系として、機能との相関性のもとで探求していかなければならない、という観点であると言えよう。

4.3　文の陳述性と終止形のムード・テンス・アスペクト体系

　ここでは、上記に述べた「動詞の終止形は、文の陳述性を表現するための形態論的表現手段であるがゆえに、動詞の終止形は、ムード・テンス・アスペクトのカテゴリーのなかに整理される形態論的なかたちの体系をそなえている」という結論が正当であるならば、として、以下の①〜③の点を述べる。簡略化して示す。

　①〈終止形のムード〉のかたちは〈文のモダリティー〉の表現手段としてはたらくが、終止形のムードの意味が文のモーダルな意味(モダリティー)であるということにはならない。第1に、動詞のムードのかたちの体系がかけている言語でも、文にはモダリティーがあり、別の手段で

表現されている。第2に、多種多様なモーダルな意味（モダリティー）を形態論的なかたちがとらえつくすということはなく、動詞のムードのかたちは、そのごく一部分を選択的に動詞の変化のし方のなかに固定化している。したがって、言語ごとに動詞のムードの体系は異なる。

② 〈終止形のテンス〉のかたちと〈文のテンポラリティー〉の関係も同様である。テンスのない言語があっても不思議ではない。動詞のテンスは、出来事を、過去あるいは現在や未来に関係づけるだけに終わっていて、さらなる出来事の時間の特定化には、時間の状況語や連用修飾語が必要である。

③ 〈終止形のアスペクト〉のかたちと〈文のアスペクチュアリティー〉の関係も同様である。文にえがきだされている具体的な出来事は、さまざまな時間的な内部構造につきまとわれているのだが、動詞のアスペクトは、その一部を動詞の形態論的なかたちのなかに固定化している。

以上のように、動詞の終止形のムード・テンス・アスペクトは、文のなかにあって、文のモダリティー、テンポラリティー、アスペクチュアリティーの〈表現手段の一つ〉として固定化されているのであるが、翻って、次のように、「動詞の終止形のムード・テンス・アスペクトは、文のモダリティー、テンポラリティー、アスペクチュアリティーの中核、あるいは土台にある」と位置づけている点も重要である。

　　動詞の終止形のムード・テンス・アスペクトは、文のモダリティー、テンポラリティー、アスペクチュアリティーの意味領域で、<u>もっとも基本的な、中心的な、かかすことのできない部分</u>としてはたらきながら、そのほかの補足的な手段を従えている。こうして、<u>文の陳述性の直接的な表現者</u>として、ムード・テンス・アスペクトをみる形態論的アプローチは必要になる。
　　この意味で、形態論的現象としてのムード・テンス・アスペクトの研

究は、構文論的な現象としてのモダリティー、テンポラリティー、アスペクチュアリティーの研究に先行しなければならない。

5. おわりに

以上をまとめると次のようになる。

単語を対象とする形態論と、文を対象とする構文論は、以下の①②のような、一方がなければ他方もない、という相関関係にある。

① 単語は、文をくみたてる材料として存在し、文のなかで機能することを使命とするがゆえに、単語の研究である形態論は、文を対象とする構文論が前提になる。
② 一方では、構文論的研究を深化させていくためには、単語をめぐる形態論的研究の深化が前提となる。単語のなかにやきつけられている形態論的側面は、文のなかで中核なものとしてはたらくからである。

言語(日本語)の文法現象を、全体として体系的にとらえていくために、①②を押さえた文法研究こそが重要である。これが奥田による文法研究の真髄ではないかと思われる。そして、冒頭に引用したように、「**歴史的にみるなら、形態論的な事実は、文の構文論的な構造のなかで、単語にあたえられる意味的な、機能的な役わりの固定化である**」と述べていることにも注目しておかなければならないであろう。

本論文では、最も重要な単語グループである〈動詞〉をめぐって、文の最も重要な機能である〈陳述性〉との関係の中で、①②の点が展開されている。奥田から提示された課題を継承していくべきであるとすれば、その課題には極めて重いものがあると、言わなければならない。

注

1　1978 年に公刊された『日本語研究の方法』の「まえがき」において、古代語の研究をおろそかにするということではなく、わたしたちのつかっているいきた現代語を、あすの日本語のためにみがきあげていくことは日本語を研究するものの優先されるべき義務と考える、とも述べている。

2　奥田は、1985 年より、中国の大学での講演や集中講義等を通して、中国における日本語文法教科書作成への支援を行ってきたが、本論文のもとになっているのは、1992 年の北京外国語学院(現在は北京外国語大学)における集中講義資料である。詳しい関係は、『奥田靖雄著作集 3 言語学編(2)』の 378 頁(佐藤里美氏作成)を参照されたい。

3　1972 年に公刊された鈴木『日本語文法・形態論』からの展開プロセスを補足しておくと次のようになる(鈴木 1977「『日本語文法・形態論』の問題点」も参照されたい)。

（ⅰ）『日本語文法・形態論』では、「いいおわる形」「なかどめの形」「条件の形」として整理され、連体形は「動詞が規定語になる場合」とされていたが、1976 年の論文「連用、終止、連体……」において、〈構文論的機能〉の観点から「終止、連用、連体、条件」の活用形を認めるべきであるとした。『ことばの研究・序説』1985b の「あとがき」において次のように述べている。

　　　国学派の人たちがのこしていった、動詞の活用をどうよむかということは、ぼくたちにのこされた重要な課題である。この論文で、この活用表のなかには、文のなかにおける動詞の構文論的なはたらき、それを表現する形態論的なかたちが整理されていると、ぼくはみる。《断続》とは文のなかのあるポジションに動詞を配置することであって、そのことによって動詞の他の単語との意味的なむすびつき、構文論的な機能を表現してみせる、重要な文法的な手段なのである。

（ⅱ）続いて 1977 年に公刊されたアスペクトに関する論文では、完成相と継続相のアスペクト対立を提起するわけであるが、『日本語文法・形態論』では、〈終止形〉の体系がテンスとムードになっていたのに対し、本論文では〈アスペクト・テンス・ムード〉の三位一体的体系として修正している。

（ⅲ）1985 年より「条件づけを表現するつきそい・あわせ文」の一連の記述的研究が奥田構想のもとにスタートするが、本論文では 1986 年に公刊された「条件づけを表現するつきそい・あわせ文―その体系性をめぐって―」を踏まえたかたちになっており、『日本語文法・形態論』の修正がなされている。

（ⅳ）『日本語文法・形態論』では、シナガラ形式は「副動詞」とされ「副詞」のなかに入れられていたが、奥田構想のもとに公刊された 1989 年の言語学研究会・構文論グループ「なかどめ―動詞の第二なかどめのばあい―」において〈連用形〉のな

かに位置づけられ、この論文で提示されている連用形の体系が示されている。
4 　このような考え方は、Givón 2001における次の考え方と共通するものであり、基本的にオーソドックスな考え方であると思われる。世界の諸言語には、nouns、verbs、adjectives、adverbsという主要な品詞があるとして、次のように述べる。

  Membership in each major word-class is not defined by a single (Platonic) necessary-and-sufficient feature, but rather by three baskets of criteria.
   ・Semantic criteria
    The kind of meanings ('semantic features') that tend to be coded by words of a particular class.
   ・Morphological criteria
    The kind of bound morphemes — both grammatical and derivational — that tend to be affixed to words of a particular class.
   ・Syntactic criteria
    The typical position (s) in the clause that words of a particular class tend to occupy.
  The most universally predictive criteria are semantic. Syntactic criteria are also highly universal. It is morphological criteria that show the highest degree of cross-language diversity.
  In using a prototype-clustering approach to membership of lexical categories, rather than rigid Platonic definitions, one merely acknowledges that lexical categories, like natural categories, elsewhere, may include members that display less than 100% of the criterial properties. That is, some members are more prototypical, while others are less prototypical but still members.

5 　この連用形の体系は、奥田構想のもとに公刊された言語学研究会・構文論グループ1989a「なかどめ―動詞の第二なかどめのばあい―」で提示されている。本書の第Ⅱ部の第5章は、基本的にこの体系に基づくが、共存形としているシタリ形式についてはやや異なる側面があることから考察外としている。
6 　次の第2章で紹介するように、奥田は1984年の「文のこと」より本格的に構文論研究を展開してゆくが、同時に、言語学研究会・構文論グループを組織して複文研究も行った。1985〜1986年における、次の「条件づけを表現するつきそい・あわせ文」の一連の論考がその最初の成果である。

  条件づけを表現するつきそい・あわせ文―その1・まえがき
  条件づけを表現するつきそい・あわせ文―その2・原因的なつきそい・あわせ文
  条件づけを表現するつきそい・あわせ文―その3・条件的なつきそい・あわせ文

条件づけを表現するつきそい・あわせ文—その4・うらめ的なつきそい・あわせ文
条件づけを表現するつきそい・あわせ文—その体系性をめぐって—

次のような基本的な体系を提示するとともに、〈客体の論理〉〈主体の論理〉の観点も提示している。

	〈まさめ〉	〈うらめ〉
〈事実的(原因)〉	するので、するから	しても、するのに
〈仮定的(条件)〉	すれば、するなら	しても

第 2 章
奥田靖雄の文論研究の軌跡
―発話論・プラグマティクスに向けて―

1.　はじめに

　半世紀にわたる奥田靖雄の研究史は、大きくは、第 1 期、第 2 期、第 3 期、第 4 期、第 5 期からなると思われる（ただし、民族学研究は除く）。この章では、1984 年頃から本格化し、発話論、プラグマティクスへと深化していった第 4 期と第 5 期における文論（構文論）研究の軌跡を辿る。本章では、以下、「文論」という用語を使用する。

1.1　奥田靖雄の半世紀にわたる研究史
　（1）奥田靖雄の研究史の概略を述べると次のようになる。

【第 1 期】1951 年〜 1955 年　　文法論の全体構想など
【第 2 期】1956 年〜 1970 年　　連語の研究など
【第 3 期】1971 年〜 1983 年　　〈文＝発話〉の研究に向けての方法論など
【第 4 期】1984 年〜 1995 年　　〈文論〉の具体的展開など
【第 5 期】1996 年〜 2001 年　　〈発話論〉への展開と形態論の深化など

　第 1 期は、民主主義科学者協会（民科）・言語部会に所属していた約 5 年間である。この第 1 期の特徴は、①現実に働きかけてそれをつくりかえ、新たな現実を創造していく人間の認識的・社会的な活動のなかに〈言語活動〉を位置づけつつ、民族語ごとにことなる〈言語体系〉との関係を考え、②誰の

ために、何のために、どのように日本語の文法研究を行い、また文法教育を実践すべきかについての構想を提示した点にある。この時期の論考は、奥田1985b『ことばの研究・序説』、『奥田靖雄著作集4 言語学編(3)』、『奥田靖雄著作集6 補遺編』に所収されている。

　第2期は、言語学研究会発足からの約15年間である（言語学研究会の前身が民科・言語部会であり、奥田は終生言語学研究会のリーダーであった）。第2期の特徴は、奥田自身が述べているように、〈連語論〉の研究に集中した点にあるが、〈全体と部分の相互作用〉を重視する奥田にあっては、文論や形態論を含めた文法論全体の構想のもとで、連語論の具体的記述が行われたことを見失ってはならないであろう。この時期の論考は、言語学研究会編1983『日本語文法・連語論（資料編）』、『奥田靖雄著作集6　補遺編』に所収されている[1]。

　第3期は宮城教育大学在職中の約13年間である。第3期の特徴は、人間活動の一環としてある〈言語活動（言行為）〉において、具体的な場面や文脈のなかで機能する〈発話〉との関係の中で、言語体系としての〈文〉を分析していくためには、いかなる〈方法論〉が要求されるのかを追求していった点にある。この時期の論考は、奥田1985b『ことばの研究・序説』、『奥田靖雄著作集6 補遺編』に所収されている。

　第4期は中国の諸大学や琉球大学等で講演、集中講義を行った約12年間である。第4期の特徴は、〈文論〉の具体的展開にある。あわせて、文論研究の進展によって〈動詞論〉も新たなレベルに引き上げられている（この点については前章で述べた）。文論と形態論とが、一方がなければ他方も成立しないという相関的な2つの文法論の領域であることが示されたわけである。この時期の論考は、『奥田靖雄著作集2 言語学編(1)』、『奥田靖雄著作集3 言語学編(2)』、『奥田靖雄著作集6 補遺編』に所収されている。

　第5期は残念ながら、途中で奥田が亡くなった（したがって、5年間と短い）。そのため、全体構想にあたる「発話について」「プラグマチカ」のような論考は未発表（未完成）であり、これらは『奥田靖雄著作集6 補遺編』に収められることになった。

（2）本章で考察するのは、第3期までの諸研究の基盤のうえに展開された、第4期と第5期についてである。

奥田は、第4期までは、1985年に公刊された『ことばの研究・序説』の「あとがき」において、自ら位置づけている（後述）が、第5期については提示していない。しかし、残された論文や、次のような、1996年に公刊された「『ことばの科学』第7集の発行にあたって」（奥田靖雄名）から見て、1996年頃を境に、文論研究のさらなる深化に向けた研究へとむかっていったと思われる。以下、引用はゴシック体とし、下線は本書の筆者による。簡略化して引用しているので、ぜひ奥田自身の論考を見ていただきたい。

　　（前略）言語学研究会の仕事は、出発の当初は、山田孝雄、松下大三郎から佐久間鼎、金田一春彦にいたるまでの研究史にまなびながら、ヨーロッパの近代的な、伝統的な言語学のレールのうえに日本語の研究をのせることであったが、しかし、その時期には、その、ヨーロッパの近代的な言語学は現代言語学へと脱皮している。この落差を言語学研究会は世代交代のなかでうめていかなければならない。

以上の引用の、「近代的な、伝統的な言語学」とは、サピアやヴィノグラードフのような研究者たちである。奥田は、『ことばの研究・序説』という著書の名前を、戦後の混乱期に愛読した、木坂千秋氏の訳になるサピアの本からいただいたと記し、アメリカの良心を代表するサピアへの愛着はいまもなおたちきりがたいと述べている。そして、「現代言語学」とは、発話論、プラグマティクスであり、バンヴェニストの先駆的研究やパドゥチェヴァの諸研究等である[2]。

後述するところだが、次のようなキーワードが前面化されてくるのは、1996年以降である。

　言行為（ことば行為）、発話、主体性、場面の構造（はなしあいの構造）、プラグマティカルな意味

1.2　第 4 期と第 5 期を貫くもの

　第 4 期から第 5 期への展開・深化は、1996 年頃に突然始まったものではない。奥田の文論は、1984 年の「文のこと」から本格的に出発する（第 4 期）が、その冒頭に、次のように述べている。

　　　おおくのばあい、<u>文は段落あるいは《はなしあいの構造》のなかにあって、その構成要素として存在している</u>。したがって、段落とか《はなしあいの構造》のそとで文をしらべることは、言語学者にしてみれば、自分たちの成果をまずしくするだけのことである。（中略）

　　　たしかにそうではあるが、言語学者は段落とか《はなしあいの構造》からはなれたところで文をあつかうこともできる。<u>研究のある段階では、そうすることは必要な抽象であって</u>、その方がかえってみのりゆたかであるとも考えられる。（中略）

　　　文を段落や《はなしあいの構造》のそとでしらべるか、それともこれらの構成要素としてしらべるか、ということは、<u>文の研究のふかまりの度あい</u>をかたっているだけのことなのだろう。

　奥田は、第 5 期の研究を見越した上で文論研究（第 4 期）を本格化させている。後述するように、〈人間の対象的・社会的活動〉のなかに〈言語活動〉を位置づけることから出発し、modus（モーダルな意味）の規定も言語活動の本質を前提としている。したがって、当初より、発話論、プラグマティクスへの展開は、奥田にとって必然的であり、視野に入っていたというべきであろう。突然の病気がその本格的展開を許さなかったのは極めて残念であったという他は無い。あと 5 年程度の猶予があれば、第 4 期のマニフェストである「文のこと」をさらに深化させた第 5 期のマニフェストとしての「発話のこと」が公刊されていたであろうと思われる。

　以下、概略的な整理に留まるが、発話論、プラグマティクスへとつながる、奥田の文論の展開の軌跡をたどってみたい。奥田は、研究の最終目標は「いちいちの具体的な現象をもっとも的確にとらえてみせること」であるとしているのである。

2. 第4期における文論研究の展開

　第4期にあたる約13年間は、本格的に文論研究に集中した時期であるが、その出発点となる論文が「文のこと」である。

　奥田は1971年に宮城教育大学に着任するが、1984年に公刊されたこの論文は、宮城教育大学の最終講義であり、奥田1985b『ことばの研究・序説』に所収されている。そして、奥田はこの著書の「あとがき」において次のように述べている[3]。

> 　（前略）この13年間は、連語の研究にしめくくりをつけながら、文の研究にうつっていく。正確にいえば、文をしらべるための方法論をさがしもとめた時期であった。（中略）
> 　ぼくの勉強はいまは日本語の文のさまざま、その通達的なタイプと構造的なタイプを具体的にしらべていく第4期にはいっているはずである。

　奥田は、①「文のこと」を出発点的論文としたうえで、②「文のこと―文のさまざま(1)―」1985c、③「条件づけを表現するつきそい・あわせ文―その体系性をめぐって―」1986a をマニフェストとなる論文と位置づけ、①⇒②⇒③と、段階的に、厳密化・体系化・具体化を図って行ったと思われる。そして、このような全体構想のなかに、「おしはかり」等をはじめとする、『奥田靖雄著作集2 言語学編(1)』『奥田靖雄著作集3 言語学編(2)』に所収されている、1990年代前半までの諸論文が、各論として位置づけられる。

　以下、第4期における文論研究の進展過程を、次の順に述べる。

2.1　出発点的論文として、文の本質的特徴とはなにか、について提示した「文のこと」について

2.2　文のさまざまの記述的研究への序文、あるいは文の文法現象の見渡しとなる2つの論文について

2.3　各論の進展を示す諸論文について

216　補部

　以下では、1984年の「文のこと」以降を考察するが、正確には、『奥田靖雄著作集6 補遺編』に収録した、第3期にあたる宮城教育大学の「言語の体系性〈55年度基礎講義〉」(1980年)において、既に次のように述べている。したがって、第4期と第5期の奥田構想は、第3期に準備されていたといわなければならない。

　　発話と文との関係をあきらかにすることは、言語学者にとっては、客体のなかから対象をさがしもとめるという意味で、きわめて重要な課題であるが、ここでは、すでに言語がさまざまなタイプの文というすがたであたえられているとして、そこから分析をはじめる。たしかに文が経験的にあたえられているために、一定の限界のなかでは、そうするとしてもまちがいはおこらない。とはいえ、諸手段の体系としての言語の現実は、言語活動の単位である発話のなかにあるとすれば、そこから完全に言語をきりはなしてしまうわけにはいかない。言語的な諸手段の安定性が、発話からこれをきりとることをゆるすとしても、その機能と発展は発話のなかで進行する。

2.1　出発点的論文としての「文のこと」

　文論への出発点となるこの論文では、文の本質的特徴はなにか、という課題から出発する。さまざまな文を〈通達的なタイプ〉に一般化することがまず重要であるとし、次の2側面の有機的な関係のなかに文の本質的特徴を見るのである[4]。

〈文の対象的な内容〉とその存在のし方としての〈モーダルな意味(modus)〉

　ここでいう〈モーダルな意味(modus)〉とは、後述するモダリティーの基盤となるものである。この論文が所収された『ことばの研究・序説』1985bの「あとがき」において、次の点を補足しているが、この点は、鈴木1989に述べられているように、奥田1956「ことばの組みたて」において既に構想されていた(注1を参照)。

（前略）モダリティーとならんで、時間性も人称性も文を成立させるファクターとしてはたらいているが、これらはモダリティーに従属している。そんなことで、この論文では、文の対象的な内容と現実とのかかわりとしての陳述についてはふれてはいないが、ヴェ・ヴェ・ヴィノグラードフにしたがって、その構成をモダリティーと時間性と人称性にもとめる考え方をすててはいない。

あわせて、奥田が、『奥田靖雄著作集6 補遺編』に所収されている「『続日本語研究の方法』刊行にむけての解説草稿」1987において、次のように明記していることに注意しなければならない。このような文の本質的特徴のとらえ方は、発話論、プラグマティクスへの展開を内包している。以下の「ここ」とは上記の2側面（文の対象的な内容とその存在のし方としてのモーダルな意味）のことである。

　しかし、この論文の意味はここにあるわけではない。（中略）
　伝統的な文法論では、文は「発話の目的にそって」という名目のもとに、平叙文、命令文、疑問文にわけられているが、そのことの理論的な根拠があきらかにされているわけではない。発話の目的は文のそとにあるとしても、文の内容にははいってこない。そして、二、三の言語学者は、これらの文を統一するものがかけているということから、この伝統的な分類を破棄する。ところが、奥田は<u>この伝統的な文の分類をmodusの観点から理論づけて、これらの文の統一性を証明する。言語活動を人間の対象的な活動のひとつの側面として位置づける</u>ことによって、文の対象的な内容は、人間が意図的につくりだしていく世界としてもあらわれてきて、話し手のたちばからは、決心や願望や期待などであったり、命令やおねがいや忠告や許可などであったりすることができるのである。
　このような説明のし方は、たぶん奥田によってはじめてこころみられたものであろう。

なお、この2つの側面とそれらの相関性は、第4期の締めくくりとなる(そして第5期の出発点ともなる)、1996年に公刊された「文のこと―その分類をめぐって―」で再度提示される(後述)。

2.2　文論の全体構想の展開

(1) 上述の「文のこと」における文の本質的特徴に基づき、1985年の「文のこと―文のさまざま(1)―」では、〈文のさまざまの記述的な研究への序文〉として、次の点を明示している。

① まず、modus の観点から、さまざまな文を、次のような〈通達的なタイプ〉のなかに一般化する。

　　I　のべたてる文
　　　　1) ものがたり文　narrative
　　　　2) まちのぞみ文　optative
　　　　3) さそいかけ文　hortative
　　II　たずねる文

② そのうえで、ひとつの通達的なタイプに属するいくつかの文は、パラディグマティックな下位体系をなして存在しているとする。以下は、〈ものがたり文〉における下位体系である。

	〈現実〉	〈可能〉	〈必然〉
〈記述・いいきり〉	する	することができる	しなければならない
〈記述・おしはかり〉	するだろう	することができるだろう	しなければならないだろう
〈説明・いいきり〉	するのだ	することができるのだ	しなければならないのだ
〈説明・おしはかり〉	するのだろう	することができるのだろう	しなければならないのだろう

③ この論文の後半は、出発点となる「文のこと」で述べたことのくりかえしだが、その補足として、次の点が強調されている。

modus が modality の構造のなかでベースをつとめていて、そのベースのうえに、modality に属するさまざまなカテゴリーがうわのせされているという<u>modality の階層性</u>に関する見解が一段と詳しくなっている。

（2）続いて、1986 年に、条件づけを表現するつきそい・あわせ文（従属複文）の体系性をあかるみに出すことを目的とする「条件づけを表現するつきそい・あわせ文―その体系性をめぐって―」が公刊される。奥田は、この論文を〈文の文法的な現象の全体的なみわたし〉となっている論文として位置づけているが、それは、次のような根拠による[5]。

〈ひとえ文（単文）〉の研究は〈あわせ文（複文）〉の研究の前提条件であり、〈つきそい文（従属文）〉と〈いいおわり文（主文）〉を規定するファクターとしてあらわれてくるため

以上に基づき、奥田はこの論文で、大きくは次の 4 点を示す（以下の説明は、極めて簡略化していることに留意されたい）。

① ひとえ文（単文）の〈陳述性〉の土台として modus を位置づけ、次の関係を示す。
　　　　　ものがたり文＝対象の論理（真偽が問われる）
　　　　　　　　　　　↕
　　　　　まちのぞみ文・さそいかけ文＝私の論理（評価されても真偽は
　　　　　　　　　　　　　　　　　　　　　　　問われない）

② モダリティーとならんでテンポラリティーを文の〈陳述性〉の構成要素とする。あわせて、テンポラリティーのなかでのテンスの役割の限定化を行う[6]。

③ ひとえ文（単文）の〈対象的な内容のタイプ〉を提示する。次のように、大きく 2 分類することが必要であるとし、あわせて〈状態〉を〈動作〉

とならぶ〈出来事〉のひとつのタイプとして位置づける。

　　　出来事（具体的な時間のなかでの現象）⇔　物の特徴（時間外的）

④ 以上を前提として、つきそい・あわせ文（従属複文）を〈パラディグマティックな体系〉としてとらえ、原因的な、条件的な、目的的な、契機的な、うらめ・ゆずり的な下位体系をとりだす。さらに、〈客体の論理〉か〈私の論理〉かという論理的なカテゴリーと文法的な意味とのからみあいの具体的姿もみてとっている。

以上のように、これら3本の論文によって、段階的に、文論を展開し、厳密化・体系化・具体化を図っていった。

(3) このような全体構想に基づいた各論を展開したうえで、第4期の締めくくりとなる、「文のこと—その分類をめぐって—」が1996年に公刊された。以上述べてきた全体構想の骨子が、具体的に提示されるとともに、第5期への展開・深化をさししめす内容となっている。（なお、この論文ではmodusではなく〈モーダルな意味〉というキーワードが使用されている。）

ⅰ）（前略）ことば行為のもっともちいさな単位としての文は、その<u>対象的な内容</u>の観点から、(a) 出来事、つまり物の具体的な運動（動作、変化、状態）をえがきだしているものと、(b) 物の質、特性、関係を表現しているものとの、ふたつの意味的なタイプに分けることができるだろう。

ⅱ）文の対象的な内容は、その<u>具体的な発話</u>においては、はなし手のreferenciation（関係づけ）の行為とpredication（のべたて）の行為によってつくりだされている。はなし手は言語的な諸手段をもちいて、referenciationにおいては、特定の出来事あるいは特定の人や物を文の内容のなかにもちこみ、predicationにおいて、その特定の人や物に属性（動作や変化や状態、特性や関係や質）をつけくわえるのである。したがって、<u>具体的な発話としての文</u>が、そこに使用されている諸手段によって、いかなるレアルな世界をさしだしているか、いかなるポテンシャ

ルな世界をかもしだしているか、ということを、発話のうけとり人は、その言語的な諸手段によって、理解しなければならない。

iii) 文の対象的な内容は、《私》の確認する出来事でもあるし、あるいは《私》の命令する出来事でもあるし、《私》の期待する出来事でもあって、《私》からきりはなされたところの、《私》とは関係のない出来事は文の対象的な内容としては存在していない。<u>文の対象的な内容はつねに《私》の観点からの意味づけをうけとっている。</u>この意味を《モーダルな意味》とよんでおこう。モーダルな意味をともなわない、対象的な内容としての出来事は存在しないのである。このような対象的な内容としての出来事は、《私》の predication の行為によってつくりだされる。

iv) ふつう、文は、(a) 平叙文（ものがたり文）、(b) 命令文（はたらきかけ文）、(c) 希求文（まちのぞみ文）、(d) 疑問文（といかけ文）などにわけられているが、この種の分類はモーダルな意味にしたがっている。文は対象的な内容の観点からも、モーダルな意味の観点からも分類することができるが、これらの、<u>ふたつの分類の関係づけが文の成立にとって重要な意味をもってくる。</u>

2.3　各論の進展

『奥田靖雄著作集 2 言語学編 (1)』『奥田靖雄著作集 3 言語学編 (2)』に所収されている以下の論考は各論となるものであり、一部を除きすべて公表された論考である。「おしはかり」の論文のみ簡単に紹介する。

 1984–1985「おしはかり」
 1986「現実・可能・必然（上）」
 1986「まちのぞみ文（上）」
 1988「文の意味的なタイプ―その対象的な内容とモーダルな意味とのからみあい―」
 1988「述語の意味的なタイプ」
 1990「説明（その 1）―のだ、のである、のです―」

1992「説明(その2)―わけだ―」
1993「説明(その3)―はずだ―」

「おしはかり」は、第4期の初期をかざる論文であるが、当初より、段落をはじめとするテキスト構造との関係のなかで文の研究がなされていることに注意しておかねばならない。これを奥田は〈おしはかりの構造〉とする。

　《おしはかり》という間接的な認識にとって、その根拠あるいは判断をつとめる事実なり判断は、文のかたちで段落のなかにあたえられていることもある。あわせ文の部分として文のなかにあたえられていることもある。段落のなかにあたえられていない場合には、ひろい範囲でコンテキストのなかにもとめなければならないだろう。

そして、次のような例では、おしはかりの根拠をつとめる事実(波線部分)が段落のなかにあたえられているとともに、〈おしはかりの構造〉と〈説明の構造〉とがからみあっているとする。

　<u>まえの屍室には今夜もあおい灯がついている。</u><u>また兵隊がひとり死んだのだろう。</u>　　　　　　　　　　　　　　　　　　　　　　　（放浪記）

　この種の段落では、一方に先行する文にえがかれている出来事の理由なり原因、あるいは意味をあきらかにする説明の過程があって、他方にはその、先行する文にえがかれている出来事を根拠におしはかる想像なり思考の過程があるが、<u>これらの、ふたつの、方向のことなる過程は同時に進行している</u>。つまり、ことの原因なり理由、あるいは意味をあきらかにするために、説明がもとめられるわけだが、その原因、理由、意味をつきとめるため、おしはかりの過程が進行する。

3. 第 5 期における発話論、プラグマティクスへの深化

　第 5 期の諸論考は次のようなものである。大きくは、「発話について」「プラグマチカ」が総論に相当し、他は各論であると言えよう。以下、最初に総論を取り上げ、次に各論について示すことにする。(なお、所収されている奥田靖雄著作集の巻が、以下のように 3 か所になっていることに留意されたい。『奥田靖雄著作集 6 補遺編』に収録されているのは未公表の論考であり、『奥田靖雄著作集 2 言語学編(1)』『奥田靖雄著作集 3 言語学編(2)』に収録されているのは公表されたものである。)

　　1996「発話について」(明星学園講演)　　　　　　　　補遺編
　　1996「現実・可能・必然(中)」　　　　　　　　　　　言語学編(2)
　　1999「現実・可能・必然(下)」　　　　　　　　　　　言語学編(2)
　　1999-2000「プラグマチカ」(言語学研究会発表プリント)　補遺編
　　2001「説明(その 4)—話しあいのなかでの「のだ」—」　言語学編(1)
　　2001「deixis のこと」　　　　　　　　　　　　　　　言語学編(1)
　　2001「前提のこと」(言語学研究会発表プリント)　　　 補遺編

3.1　文と発話との関係をめぐって

　第 5 期は、残念ながら約 5 年間と短く、全体構想を提示する論考(いわばマニフェストに相当する論考)が未公表のままであったが、1996 年の「発話について」において、次のように述べている。

　　　伝統的な言語学における文は、具体的な場面との関係をきりすてたところに成立する、構造的な図式であって、具体的な場面とのむすびつきのなかで進行する、言行為としての文をあつかうことをしない。しかし、言語学も<u>抽象的な規定から具体的な現象の解明へ</u>とのぼっていく過程であるとすれば、言行為のなかにある、具体的な文(発話)を研究の対象にすえるようになったのは、<u>発展の必然的な結果</u>である。文を言行為の単位として、つまり発話としてとらえなおすことによって、もっぱら

抽象的な、構造的な図式をくみたてることに専念していた、伝統的な言語学も、場面とのむすびつきのなかでみずからの本性をさらけだす文の、さまざまな特性をとらえるようになるだろう。伝統的な言語学における言語としての文の研究は、一定のたかさに到達することによって、言行為としての文＝発話にすすんでいくのは、むしろ自然なことであるだろう。

「プラグマチカ」1999–2000 に、(1)と(2)の2部構成となっているが、ここでは(1)の部分を取り上げる[7]。
(1)では、プラグマティクスは「文あるいはその構成要素の意味を、その使用のなかで、つまりはなし手や場面との関係のなかでしらべる、言語学のひとつの領域」であるとしたうえで、次のように述べる。

　　(前略)使用のなかにある言語要素の意味は、セマンティカルな意味の土台のうえにプラグマティカルな意味がおおいかぶさっていて、層をなしている、ということになる。そして、このプラグマティカルな意味は、たびたびの使用のなかにあらわれてくるということから固定化して言語的な意味に移行していく。このような使用から生じてくるプラグマティカルな意味の、セマンティカルな意味への移行は、文の意味を場面に関係づけて、たんねんにしらべあげる調査者には、たえずぶつかる、ごくありふれた現象である。最近のぼくの調査からその例をあげよう。

「現実・可能・必然」に関する具体的分析を基盤にして、次のような論を展開しているが、「してもいい」についての箇所を、簡略化して示す。

　　(前略)「してもいい」を述語にする発話を例に、プラグマチティカルな現象をしらべてみよう。この「してもいい」は一般的に／動作Ｐは可能である／という評価的な意味を土台にもっている。この「してもいい」が、動作Ｐの実行をはなしあいのあい手にもとめるというような、はなし手・きき手の相互作用の場面のなかにあらわれてくると、その土

台的な意味にさまざまな、プラグマティカルな意味あいがつけくわわってくる。

以上の具体例として挙げられているのは、次の①〜③のようなものである。

①「私、あれがほしくって」
　「平四郎さんのお金だから、受取書さえもってかえれば、あるだけ買ってもいいわ」　　　　　　　　　　　　　　　　　　　　（杏っ子）
②「(前略)おい、君、ビールでない恵比寿があるって、いうんだが、その恵比寿でものんでみるかね。」
　「うん、のんでもいい。(後略)」　　　　　　　　　　　　（二百十日）
③「(前略)私をもてあましているのね。そんなにおいやだったら、アパートかなにかへいってあげてもいいわよ。おかねさえくれればね」
　　　　　　　　　　　　　　　　　　　　　　　　　　　（洒落た関係）

①〈許可〉：《私の意思表示（決定権は私にある）》、動作のし手は〈聞き手〉
②〈承諾〉：《私の意思表示（決定権は私にある）》、動作のし手は〈はなし手〉
　　　　　（相手の要求への回答）
③〈提案〉：《決定権はあい手にある》、動作のし手は〈はなし手〉

そのうえで、次のように述べる。

　　(前略)以上のごとく、動作Ｐをめぐるはなし手・きき手の相互作用のなかで「してもいい」の／可能である／という土台的な意味は、許可、承諾、提案などの意味あいをおびてくる。場面構造のちがいに照応しながら、土台的な意味のうえにプラグマティカルな意味がおおいかぶさってくる。

あわせて、「しなければならない」についても、次のように述べている。

　　　　はなしあいのなかで、あい手との関係のなかで、《必要》というはな
　　　し手の評価的な判断のうえに、実行への覚悟とか決意、忠告とか勧告の
　　　ような意味あいがあたらしくつけくわわってくる。この種の場面的な意
　　　味のことをプラグマティカルな意味であると、ぼくはみている。

そのうえで、次のような見解を示している。

　　　　プラグマティクスの対象は、ぼくの考えでは、すくなくとも、言語学
　　　的には、具体的な条件のなかで生きてはたらく発話の、かかすことので
　　　きない重要な側面である。そして、この側面が発話から文への移行にと
　　　もなって、はぎとられた《主体性》であるとすれば、文から発話への移
　　　行にあたって、とりもどされた《主体性》であるとすれば、発話の《主
　　　体性》こそプラグマティクスの中心的な対象である、ということになる。

3.2　各論の進展

　第 5 期にあたる 1996 年以降に発表された以下の論文では、はなし手とき
き手の相互作用のなかにある、具体的な〈はなしあいの場面〉の中で生じる
プラグマティカルな意味をも総合的に分析しようとしている。1996 年以後
の論文では、特に〈はなしあいの構造〉に焦点をあてつつ、新たな段階へと
ひきあげようとしていることに注意しなければならない。

1996「現実・可能・必然(中)―「していい」と「してもいい」―」
　　　　　　　　　　　　　　　　　　　　　　　　　　　言語学編(2)
1999「現実・可能・必然(下)―しなければならない―」　　言語学編(2)
2001「説明(その 4)―話しあいのなかでの「のだ」―」　　言語学編(1)

　実際、奥田は、『ことばの科学 9』の「第 9 集へのまえがき」1999 において、
自らの論文について自ら次のように述べている。

　　　　85 年に南京大学での講義のためにかいた「現実・可能・必然」とい

う題の、未発表の原稿がのこっている。この原稿がかきあらためられて、『ことばの科学』の1集(86年)、7集(96年)、9集(99年)に、上、中、下の3回にわけて、掲載されたことになる。さまざまな文のモーダルな意味をモダリティーの体系にまとめあげる、準備の作業であれば、この仕事はこのみっつの論文でおわったことにはならない。それに、15年前にかかれた(上)は、その内容があまりにもふるくさく、つたなくもあれば、すくなくとも(下)のレベルまでかきあらためることがもとめられる。

また、『奥田靖雄著作集2 言語学編(1)』に所収されている「説明(その4)―話しあいのなかでの「のだ」―」2001でも、冒頭に次のように述べている[8]。

> 永野賢、三上章の方向をうけつぐことから、10年まえのぼくの「のだ」の研究には、調査を地の文に限定するという必然があった。場面とか話し手とか聞き手とかをきりすてたところで、《説明》とはいったいなになのか、その質的な特徴をとらえてみることが必要であった。見えるところから見る、という原則もそこにはたらいている。そして、10年たった今、きりすてられた部分をひろいあげて、しらべる、ということになるわけだが、そうなることにも研究史的な必然がはたらいているのだろう。現代言語学の一般的な傾向に忠実であれば、話し手と聞き手との相互作用としての話しあいのなかで使用される、言行為としての説明の文のはたらきをしらべることは、それの現実のすがたへの具体化としてぼくにはさけることができない。pragmaticsを意識しているわけではないが、具体的な場面のなかで使用するということから生じてくる、「のだ」をともなう説明の文の《場面的な意味》もしらべなければならない。

4. おわりに―奥田靖雄を読み継ぐために―

①第3期において、方法論を見定めたうえで、②いったん、発話行為、は

なしあいの構造、プラグマティカルな意味等から（相対的に）切り離した研究段階を設定したうえで文の研究（具体的分析）を進めていった。これが第4期である。ただし、第4期において既に、段落を中心とするコンテクスト（テキスト構造）との関係のなかで文論が展開されていた。

そして、その一定の成果が蓄積された段階で、③次のステップ、つまり〈はなしあいの構造〉に進み、第4期の研究の見直し（バージョンアップ）も含めた総合化をめざしていった。これが、具体的な場面とのむすびつきのなかでの〈発話としての文〉の特性の解明をめざす第5期である。言語体系としての文には無い、どのような様々な特性が、言行為のなかで機能する〈発話としての文〉に新しく備わってくるのか、ということの解明をめざしたのである。そして、具体的な現象としての発話のなかで、言語の変化が進行するとも指摘している。

人間の認識的な社会的な活動の一環としてある言語活動（言行為）と言語（言語体系）との総合化をめざす、このような、螺旋的な展開のプロセス（過程）としてあることを押さえたうえで、半世紀にわたる、奥田による研究成果を読み継ぎ、発展させていく必要があると思われる[9]。

注

1　1960年頃から連語論が本格的に展開されたわけであるが、奥田1958「単語のくみあわせの理論」において、〈従属的なむすびつき〉と〈陳述的なむすびつき〉の2つのタイプを取り出し、連語論は〈従属的なむすびつき〉を対象とし、〈従属的なむすびつき〉の研究は〈陳述的なむすびつき〉の研究の前提になると述べている。奥田の文法研究においては、連語論が文論研究に先行する必然性があったと言えよう。なお、この論考は『奥田靖雄著作集』に所収されていないが、1958年の『言語学研究会ニュース9』（宮島達夫氏作成の冊子）に、要旨が掲載されている。

　　また、鈴木1989「奥田靖雄の言語学」において、次のように述べられている。（なお、以下の「文章論」とは「構文論」のことである。

　　　　文が言語活動の基本的な単位であり、もっともちいさな言語活動であること、文には内容的な側面としてひとまとまりの出来事がうつしとられていて、陳述性

がそれの文におけるあり方（存在形式）をしめしていること、こうしたことは、奥田の初期論文からすでにあきらかにされていた。たとえば、奥田 1956「ことばの組みたて」にはこうある。

> （前略）ことばでいいあらわされるものと現実とのかかわりは、なによりもまず、気もち modality としてあらわれます。ことばでつたえられるものは、話し手にとって、現実的なもの、のぞましいもの、あるいは要求されるものであることができます。こうしたことばと現実とのかかわり方が、気もちのカテゴリーをつくっています。
>
> そして、陳述のおもなカテゴリーとして、構文論的な気もち modality のほかに、文章論的な時、人称をあげている。

2 次のような『発話と現実との関係』『意味論研究：ロシア語におけるテンスとアスペクトの意味論、かたりの意味論』等の文献である。これらの文献購読等に関しては佐藤里美氏より教示を受けた。

> Падучева, Е.В.1985. Высказывание и его соотнесенность с деиствительностью. М.,Наука
>
> Падучева, Е.В.1996. Семантические исследования: Семантика времени и вид в русскому языке;Семантика нарратива. М., Школа «Языки русской культуры»

なお、Падучева2019『自己中心的な言語単位』については、金子百合子 2020「書評 Е.В.Падучева. Эгоцентрические единицы языка」(『ロシア語ロシア文学研究』52) がある。

3 奥田が論文「文のこと」をどう位置づけていたか、それを示すのが、『奥田靖雄著作集 6 補遺編』所収の、1987 年に書かれた草稿である「『続 日本語研究の方法』の「解説」」である。奥田は、次のように、『ことばの研究・序説』に所収された「文のこと」を、文論の出発点的論文として位置づけている。「次につづく 2 つの論文」とは、「文のこと―文のさまざま(1)―」1985c と、「条件づけを表現するつきそい・あわせ文―その体系性をめぐって―」1986c である。

> （前略）『ことばの研究・序説』(1984 年) に収録されている。したがって、この論文集にふたたび収録するには、それなりの理由がある。奥田の次につづく 2 つの論文とあわせてよんでいただきたいのである。

4 田野村 2004 には、鈴木 1972『日本語文法・形態論』におけるモダリティーの規定が紹介されている。『日本語文法・形態論』は、『にっぽんご 4 (上)』の解説書として、形態論を中心とする内容になっているが、当然、構文論との関係を示しておく必要があり、この時点で、モダリティーの基本的な点は共有されていた。

5 　奥田は1984年より、言語学研究会・構文論グループを組織し、単文の研究と複文の研究を同時並行のかたちで推進した。「条件づけを表現するつきそい・あわせ文」の研究もその一環であり、奥田構想のもとに記述的研究が実施された。「ならべ・あわせ文」については、草稿段階ではあるが、「ならべ・あわせ文―接続詞「が」によって表現される並列的な関係―」1986bがある。奥田は、「条件づけを表現するつきそい・あわせ文―その体系性をめぐって―」1986cにおいて、次のように述べている。

　　　伝統的な文法論では、ふたつの文＝部分のあいだに依存あるいは従属の関係があれば、そのあわせ文は《つきそい・あわせ文》（従属的な複文）とよばれているし、それがみられなく、いくつかの部分＝文が対等にならんで、相互にはたらきかけあっていれば、そのようなあわせ文は《ならべ・あわせ文》（並列的な複文）とよばれている。あわせ文はおおきくふたつの系列にわけられているのである。たぶん、この伝統的な規定は、現代言語学がいくら否定しようとしても、否定できるものではないだろう。

6 　『奥田靖雄著作集6 補遺編』に収録された1991年の「宮城国語部会講義プリント」（構文論講義・仮題）では、奥田は次のように述べている。

　　　モーダルな意味、テンポラルな意味、パーソナルな意味の、みっつは、それぞれがはなし手のたちばからとりむすばれる、文の対象的な内容と現実とのかかわり方を表現していて、文の陳述性のカテゴリーを構成している。この文の陳述性は、文の対象的な意味の、現実にたいする関係のし方であって、それははなし手の視点からきめられる。したがって、そこには、はなし手をとりかこむ場面や状況のなかでの、はなし手のたちばがうつしだされている。<u>陳述性は、これなくしては文が成立し、存在することのできない、文の基本的な本質的な特徴であって、それが単語や連語のような言語の他の単位から文を通達の単位としてとりたてる。</u>

7 　この論考の（2）では、「文、発話、それらのあいだの関係をめぐって、言語学的なプラグマティクスは、なにを研究の対象にとりあげるのか」について、パドゥチェヴァの1996年の論考（注2を参照）を批判的にとりあげ、次のような見解を提示している。

　　　（前略）ぼくのような、発話を場面のなかで生きてはたらく文であると、みなすものにとっては、発話の行為をうながすillocutionary intentionの存在をみとめるとしても、文の基本的な特徴としての、文の存在のし方としてのモダリティーのほかに、それとはことなる、べつのillocutionary functionをみとめることはできない。

　　　しかし、言語としての文と言行為としての文、つまり発話の存在をみとめるとすれば、文のふたつの存在のし方において、モーダルな意味illocutionary function

がどのようにちがっているか、あきらかにすることが必要になる。（中略）

　　いちいちの発話が具体的な場面との関係のなかでひとつの機能をはたしているとすれば、文のポテンシャルな illocutionary function はセットをうつしだしている。そして、いちいちの発話の具体的な機能は、このセットを背景にして、みえてくるのであれば、この役わりは重大である。さっさとはしっていく、あたらしい言語学者が体系としての言語を研究する、言語学をけいべつするとすれば、たぶん、まちがいをおかさないではいないだろう。

8　あわせて、次のようにも述べている。

　　たしかに、《説明》が話し手から語り手へてわたされることによって、説明の構造には単純化が生じてくる。他方では、論理としての説明は、地の文のなかで、はるかに精密なものへと発展していく。このことが、その(1)でおこなった、ぼくの調査をひとまず成立させた原因である。テキスト構造のなかでは、記述と説明との関係があからさまにさしだされていて、そこでは、「のだ」をともなう文の《説明》のはたらきを端的に理解させてくれる。そうであれば、『説明』のその (1) でなされた《説明》の規定とそれの実用性は、<u>あてはめの範囲をまちがえさえしなければ</u>、きりすてるわけにはいかないだろう。

9　この章で触れることができなかった、奥田靖雄の文論研究の一環としての複文論については『日本語文法・文論―複文研究―』として、ひつじ書房から出版予定である。

参考文献

青木博史（2016）『日本語歴史統語論序説』ひつじ書房
大島資生（2010）『日本語連体修飾節構造の研究』ひつじ書房
奥田靖雄（1953）「単語について―文法にはいるために―」『新しい教室』8月号　中教出版（『奥田靖雄著作集 4』所収）
奥田靖雄（1954）「日本語の文法的クミタテ」季刊『理論』別冊Ⅳ『国語問題の現代的展開』理論社（『奥田靖雄著作集 4』所収）
奥田靖雄（1956）「ことばの組みたて」講座日本語『民族とことば』大月書店（『奥田靖雄著作集 4』所収）
奥田靖雄 (1976)「連用、終止、連体‥‥」『宮城教育大学　国語国文』6.（奥田 1985b 所収）
奥田靖雄（1977）「アスペクトの研究をめぐって―金田一的段階―」『宮城教育大学　国語国文』8.（奥田 1985b 所収）
奥田靖雄（1978）「アスペクトの研究をめぐって（上）（下）」『教育国語』53, 54. むぎ書房（奥田 1985b 所収）
奥田靖雄（1984a）「文のこと」『宮城教育大学　国語国文』13・14 合併号（奥田 1985b 所収）
奥田靖雄（1984b）「おしはかり（一）」『日本語学』3-12.　明治書院（『奥田靖雄著作集 2』所収）
奥田靖雄（1985a）「おしはかり（二）」『日本語学』4-2.　明治書院（『奥田靖雄著作集 2』所収）
奥田靖雄（1985b）『ことばの研究・序説』むぎ書房
奥田靖雄（1985c）「文のこと―文のさまざま（1）―」『教育国語』80.（『奥田靖雄著作集 2』所収）
奥田靖雄（1986a）「まちのぞみ文（上）―文のさまざま（2）―」『教育国語』85. むぎ書房（『奥田靖雄著作集 2』所収）
奥田靖雄（1986b）「現実・可能・必然（上）」『ことばの科学 1』むぎ書房（『奥田靖雄著作集 3』所収）
奥田靖雄（1986c）「条件づけをあらわすつきそい・あわせ文―その体系性をめぐって―」『教育国語』87.（『奥田靖雄著作集 2』所収）
奥田靖雄（1988a）「文の意味的なタイプ」『教育国語』92. むぎ書房（『奥田靖雄著作集 2』所収）
奥田靖雄（1988b）「述語の意味的なタイプ」琉球大学講義プリント（『奥田靖雄著作集 2』所収）

奥田靖雄（1988c）「時間の表現（1）（2）」『教育国語』94, 95. むぎ書房（『奥田靖雄著作集2』所収）
奥田靖雄（1990）「説明（その1）—のだ、のである、のです—」『ことばの科学4』むぎ書房（『奥田靖雄著作集2』所収）
奥田靖雄（1992a）「説明（その2）—わけだ—」『ことばの科学5』むぎ書房（『奥田靖雄著作集2』所収）
奥田靖雄（1992b）「日本語動詞の理論的研究」北京外国語学院講義プリント（「動詞論」のタイトルで『奥田靖雄著作集2』所収）
奥田靖雄（1993）「説明（その3）—はずだ—」『ことばの科学6』むぎ書房（『奥田靖雄著作集2』所収）
奥田靖雄（1993–1994）「動詞の終止形」『教育国語』2-9, 2-12, 2-13. むぎ書房（『奥田靖雄著作集3』所収）
奥田靖雄（1996a）「文のこと—その分類をめぐって—」『教育国語』2-22. むぎ書房（『奥田靖雄著作集2』所収）
奥田靖雄（1996b）「現実・可能・必然（中）—「していい」と「してもいい」—」『ことばの科学7』むぎ書房（『奥田靖雄著作集3』所収）
奥田靖雄（1996c）「『ことばの科学』第7集の発行にあたって」『ことばの科学7』むぎ書房
奥田靖雄（1996d）「発話について」明星学園・公開授業研究会講演資料（『奥田靖雄著作集6』所収）
奥田靖雄（1996–1997）「動詞—その一般的な特徴づけ—」教育科学研究会・国語部会における講義プリントおよび『教育国語』2-25. むぎ書房（『奥田靖雄著作集3』所収）
奥田靖雄（1999）「現実・可能・必然（下）—しなければならない—」『ことばの科学9』むぎ書房（『奥田靖雄著作集3』所収）
奥田靖雄（1999–2000）「プラグマチカ」言語学研究会発表資料（『奥田靖雄著作集6』所収）
奥田靖雄（2001a）「説明（その4）—話しあいのなかでの「のだ」—」『ことばの科学10』むぎ書房（『奥田靖雄著作集2』所収）
奥田靖雄（2001b）「deixisのこと」『教育国語』4-1. むぎ書房（『奥田靖雄著作集2』所収）
奥田靖雄（2001c）「前提のこと」言語学研究会発表資料（『奥田靖雄著作集6』所収）
奥田靖雄著・教育科学研究会国語部会編（2021）『現代日本語文法の基礎—『にっぽんご宮城版』とその理論—』むぎ書房
奥田靖雄著作集刊行委員会（2015a）『奥田靖雄著作集2　言語学編（1）』むぎ書房
奥田靖雄著作集刊行委員会（2015b）『奥田靖雄著作集3　言語学編（2）』むぎ書房
奥田靖雄著作集刊行委員会（2015c）『奥田靖雄著作集4　言語学編（3）』むぎ書房
奥田靖雄著作集刊行委員会（2022）『奥田靖雄著作集6　補遺編』むぎ書房

小高愛(2000)「「向かう」と「向かって」：動詞から後置詞へ」『千葉大学留学生センター紀要』6.
影山太郎(1993)『文法と語形成』ひつじ書房
影山太郎編(2011)『日英対照 名詞の意味と構文』大修館書店
川端善明(1964)「時の副詞(上・下)」『国語国文』33-11,12.
教科研東京国語部会・言語教育研究サークル(1964)『語彙教育』むぎ(麥)書房
金水敏・田窪行則編(1992)『指示詞』ひつじ書房
工藤浩(1985)「日本語の文の時間表現」『言語生活』403.（工藤浩2016所収）
工藤浩(2016)『副詞と文』ひつじ書房
工藤真由美(1980)「現代日本語の受動文」『ことばの科学4』むぎ書房
工藤真由美(1985)「ノ、コトの使い分けと動詞の種類」『国文学解釈と鑑賞』50-3. 至文堂
工藤真由美(1995)『アスペクト・テンス体系とテクスト』ひつじ書房
工藤真由美(1999)「奥田靖雄先生の言語学―80歳の誕生日によせて―」『ことばの科学12』むぎ書房
工藤真由美(2002)「日本語の文の成分」『現代日本語講座』第5巻　明治書院
工藤真由美(2013)「モーダルな意味とテンポラルな意味」『日語学習与研究』北京報刊発行局
工藤真由美(2014)『現代日本語ムード・テンス・アスペクト論』ひつじ書房
言語学研究会編(1983)『日本語文法・連語論(資料編)』むぎ書房
言語学研究会・構文論グループ(1985a)「条件づけを表現するつきそい・あわせ文―その1・まえがき―」『教育国語』81. むぎ書房
言語学研究会・構文論グループ(1985b)「条件づけを表現するつきそい・あわせ文―その2・原因的なつきそい・あわせ文」『教育国語』82. むぎ書房
言語学研究会・構文論グループ(1985c)「条件づけを表現するつきそい・あわせ文―その3・条件的なつきそい・あわせ文」『教育国語』83. むぎ書房
言語学研究会・構文論グループ(1986a)「条件づけを表現するつきそい・あわせ文―その4・うらめ的なつきそい・あわせ文」『教育国語』84. むぎ書房
言語学研究会・構文論グループ(1986b)「ならべ・あわせ文―接続詞「が」によって表現される並列的な関係―」(教科研国語部会・発表資料)
言語学研究会・構文論グループ(1988)「時間・状況をあらわすつきそい・あわせ文(1)」『教育国語』92. むぎ書房
言語学研究会・構文論グループ(1989a)「なかどめ―動詞の第二なかどめのばあい―」『ことばの科学2』むぎ書房
言語学研究会・構文論グループ(1989b)「なかどめ―動詞の第一なかどめのばあい―」『こ

とばの科学 3』むぎ書房
小林英樹(2004)『現代日本語の漢語動名詞の研究』ひつじ書房
小林英樹(2005)「漢語サ変動詞の意味・用法の記述的研究―「販売(する)」、「売却(する)」などをめぐって―」『語学と文学』41. 群馬大学論文学会
小林英樹(2006)「漢語サ変動詞の意味・用法の記述的研究―「救助(する)」、「救出(する)」などをめぐって―」益岡・野田・森山編『日本語文法の新地平Ⅰ』くろしお出版
小林英樹(2021)「漢語サ変動詞の意味・用法の記述的研究―「在室(する)」、「在宅(する)」などをめぐって―」『現代日本語研究』13. 大阪大学日本語学研究室
酒井悠美(2012)「いま、いまや、いまごろ、いまさら―テンポラリティーとモダリティーの表現」『対照言語学研究』22. 海山文化研究所
阪田雪子(1971)「指示詞『コ・ソ・ア』の機能について」『東京外国語大学論集』21.（金水・田窪編 1992 所収）
佐久間鼎(1941)『日本語の特質』育英書院（くろしお出版より復刊、1995 年）
佐藤里美(1999)「文の対象的な内容をめぐって」『ことばの科学 9』むぎ書房
佐藤里美(2001)「テクストにおける名詞述語文の機能」『ことばの科学 10』むぎ書房
佐藤里美(2004)「モダリティー」『国文学解釈と鑑賞』69-1. 至文堂
佐藤里美(2007)「宮城県中田方言の過去形」『国文学 解釈と鑑賞』62-7. 至文堂
佐藤里美(2009)「名詞述語文のテンポラリティー」『ことばの科学 12』むぎ書房
山東功(2009)「奥田靖雄と時枝誠記」『ことばの科学 12』むぎ書房
鈴木重幸(1972)『日本語文法・形態論』むぎ書房
鈴木重幸(1977)「『日本語文法・形態論』の問題点」『教育国語』51. むぎ書房
鈴木重幸(1979)「現代日本語の動詞のテンス」『言語の研究』むぎ書房（鈴木 1996 所収）
鈴木重幸(1989)「奥田靖雄の言語学」『ことばの科学 3』むぎ書房
鈴木重幸(1996)『形態論・序説』むぎ書房
鈴木重幸(2006)「奥田靖雄の初期論文を読む」『ことばの科学 12』むぎ書房
鈴木康之(1978–1979)「ノ格の名詞と名詞のくみあわせ」『教育国語』55, 56, 58, 59. むぎ書房
高橋太郎(1994)『動詞の研究』むぎ書房
高橋太郎(2003)『動詞九章』ひつじ書房
田窪行則・笹栗淳子(2001)「「今」の対応物を同定する「今ごろ」について」南雅彦・アラム佐々木幸子編『言語学と日本語教育Ⅱ』くろしお出版
田野村忠温(1990)『現代日本語の文法Ⅰ 「のだ」の意味と用法』和泉書院
田野村忠温(2004)「現代語のモダリティ」『朝倉日本語講座　文法Ⅱ』朝倉書店
鄭相哲(2008)「時間的限定性について―済州市方言を中心に―」『日本研究』38. 韓國外國

語大學校日本研究所
鄭相哲(2012)「韓国語の時相法研究のためのいくつかの提言」『国語学』63. 国語学会(韓国)
鄭相哲(2019)「同時タクシス連体節の時間性について―韓国語との対照を中心に―」『日本語文學』第 87 輯 日本語文學会(韓国)
寺村秀夫(1968)「日本語名詞の下位分類」『日本語教育』12 号(『寺村秀夫論文集Ⅰ』くろしお出版所収)
寺村秀夫(1984)『日本語のシンタクスと意味Ⅱ』くろしお出版
豊田豊子(1978a)「接続助詞「と」の用法と機能(Ⅰ)」『日本語学校論集』5 号
豊田豊子(1978b)「発見の「と」」『日本語教育』36 号
豊田豊子(1978c)「接続助詞「と」の用法と機能(Ⅲ)」『日本語学校論集』6 号
豊田豊子(1982)「接続助詞「と」の用法と機能(Ⅳ)」『日本語学校論集』9 号
豊田豊子(1983)「接続助詞「と」の用法と機能(Ⅴ)」『日本語学校論集』10 号
成田徹男(1983)「動詞の「て」形の副詞的用法―「様態動詞」を中心に―」渡辺実編『副用語の研究』明治書院
新川忠(1990)「なかどめ―動詞の第一なかどめと第二なかどめとの共存のばあい―」『ことばの科学 4』むぎ書房
西尾寅弥(1961)「動詞連用形の名詞化に関する一考察」『国語学』43.
西山佑司(2003)『日本語名詞句の意味論と語用論』ひつじ書房
仁田義雄(1995)「シテ形接続をめぐって」『複文の研究(上)』くろしお出版(仁田 2010 所収)
仁田義雄(2002)『副詞的表現の諸相』くろしお出版
仁田義雄(2010)『日本語文法の記述的研究を求めて』ひつじ書房
河在必(2009)「思考動詞の条件形「思うと」に関する一考察」『待兼山論叢』43.
彭広陸(1999)「複合連体格の名詞を《かざり》にする連語」『ことばの科学 9』むぎ書房
本間都(1981)「現代日本語動詞の「〜シナガラ」の形について」『日本の言語学 1』(言語学研究会の通報,1991)
前田直子(2009)『日本語の複文』くろしお出版
益岡隆志編(1993)『日本語の条件表現』くろしお出版
益岡隆志(1997)『複文』くろしお出版
松田(野村)剛史(1984)「「ト、テ、タラ」について」『大谷女子大国文』14 号
松田(野村)剛史(1985)「「て」、連用形、「と」の分布」『大谷女子大国文』15 号
松本泰丈編(1978)『日本語研究の方法』むぎ書房
三上章(1953)『現代語法序説』刀江書院(くろしお出版より復刊、1972 年)
南不二男(1974)『現代日本語の構造』大修館書店
南不二男(1993)『現代日本語文法の輪郭』大修館書店

三原健一(1992)『時制解釈と統語現象』くろしお出版
宮崎和人(2020)「可能表現の研究をめぐって」『国語と国文学』97-10.
宮島達夫(1964)「バとトとタラ」『講座　現代語6』明治書院
宮島達夫(1980)「意味分野と語種」『国立国語研究所研究報告集』2.(宮島2019所収)
宮島達夫(1982)「1拍語の不安定性」『計量国語学』13-7.(宮島1994所収)
宮島達夫(1994)『語彙論研究』むぎ書房
宮島達夫(1994)「奥田さんの学位取得によせて」『教育国語』2-12.むぎ書房
宮島達夫(1996)「カテゴリー的多義性」鈴木泰・角田太作編『日本語文法の諸問題』ひつじ書房(宮島2019所収)
宮島達夫(1997)「ヒト名詞の意味とアスペクト・テンス」川端善明・仁田義雄編『日本語文法　体系と方法』ひつじ書房
宮島達夫(2019)『言語史の計量的研究』笠間書院
宮部真由美(2011)「テクストからみた「〜と」と「〜たら」の複文」『文学部紀要』25-1.文教大学
明星学園・国語部著(1968)『にっぽんご　4の上』むぎ書房
村木新次郎(2006)「「―ながら」の諸用法」益岡・野田・森山編『日本語文法の新地平3』くろしお出版
森田耕平(2016)「動詞中止形の継続相の意味・機能」『日本語の研究』12-1.武蔵野書院
森田耕平(2017)『現代日本語における動詞中止形の記述的研究』大阪大学文学研究科博士学位申請論文
森田耕平(2021)「動詞第二中止形のアスペクトと述語らしさ―シテイテとシテの比較―」『現代日本語研究』13.大阪大学日本語学研究室
八亀裕美(2004)「述語になる品詞の連続性―動詞・形容詞・名詞―」工藤真由美編『日本語のアスペクト・テンス・ムード体系―標準語研究を超えて―』ひつじ書房
八亀裕美・佐藤里美・工藤真由美(2005)「宮城県登米郡中田町方言の述語のパラダイム―方言のアスペクト・テンス・ムード体系記述の試み―」『日本語の研究』1-1.武蔵野書院
八亀裕美(2006)「「AにしてはB」をめぐって―時間的限定性と評価性―」『ことばの科学11』むぎ書房
八亀裕美(2008)『日本語形容詞の記述的研究』明治書院
ゆもとしょうなん(2015)「言語学者しての奥田靖雄」『奥田靖雄著作集刊行記念国際シンポジウム(予稿集)』国際シンポジウム実行委員会(大阪大学)

Benveniste, É.（1966）*Problemès de linguistique générale*. Editions Gallimard（岸本通夫監訳（1983）『一般言語学の諸問題』みすず書房）

Benveniste, É.（1974）*Problemès de linguistique générale II*. Editions Gallimard（安部宏監訳（2013）『言葉と主体――一般言語学の諸問題―』岩波書店）

Bondarko, A.V.（1991）*Functional Grammar*. John Benjamins.

Carlson, G.（2006）Generics, habituals and iteratives. *Encyclopedia of Languages and Linguistics*. Elsevier.

Chamberlain, B.H.（1888）*A Handbook of Colloquial Japanese*. Trübner & Co., Hakubunsha.

Comrie, B.（1976）*Aspect*. Cambridge UP.（山田小枝訳（1988）『アスペクト』むぎ書房）

Comrie, B.（1985）*Tense*. Cambridge UP.（久保修三訳（2014）『テンス』開拓社）

Comrie, B. and S.A. Thompson.（2007）Lexical nominalization. In Shopen, T.（ed.）*Language Typology and Syntactic Description III*. Cambridge UP.

Fillmore Charles J.（1997）*Lectures on Deixis*. CSLI Publications.（澤田淳訳（2022）『ダイクシス講義』開拓社）

Givón, T.（1971）Historical syntax and synchronic morphology. *CLS* 7.

Givón, T.（1993）*English Grammar: a functional-based introduction*. John Benjamins.

Givón, T.（1995）*Functionalism and Grammar*. John Benjamins.

Givón, T.（2001）*Syntax: An Introduction*. John Benjamins.

Givón, T.（2005）*Contexts as Other Minds: The Pragmatics of Sociality, Cognition and Communication*. John Benjamins.

Haspelmath, M. et al.（eds.）（2005）*The World Atlas of Language Structures*. Oxford UP.

Jakobson, R.（1957）Shifters, verbal categories and the Russian verb. Russin Language Project. Department of Slavic Languages and Literatures. Harvard U.（川本茂雄監修（1973）『一般言語学』みすず書房所収）

Levinson, S.C.（1983）*Pragmatics*. Cambridge UP.（安井稔・奥田夏子訳（1990）『英語語用論』研究社）

Lyons, J.（1977）*Semantics Vol.2*. Cambridge UP.

Noonan, M.（2007）Complementation. In Shopen, T.（ed.）*Language Typology and Syntactic Description II*. Cambridge UP.

Timberlake, A.（2007）Aspect, tense, mood. In Shopen, T.（ed.）*Language Typology and Syntactic Description III*. Cambridge UP.

Whaley, L.J.（1997）*Introduction to Typology*. Sage Publications.（大堀壽夫・古賀裕章・山泉実訳（2006）『言語類型論入門―言語の普遍性と多様性―』岩波書店）

出典一覧

(作者五十音順)

赤川次郎『女社長に乾杯！』(新潮文庫)、阿川弘之『山本五十六』(新潮文庫)、有吉佐和子『不信のとき』(新潮文庫)『木瓜の花』(新潮文庫)、石川達三『僕たちの失敗』(新潮文庫)『青春の蹉跌』(新潮文庫)『人間の壁』(新潮文庫)『自分の穴の中で』(新潮文庫)『金環蝕』(新潮文庫)、五木寛之『朱鷺の墓』(新潮文庫)『四季・布由子』(集英社文庫)、伊藤整『若い詩人の肖像』(新潮文庫)、伊藤野枝『乞食の名誉』(ゴマブックス)、井上靖『夏草冬涛』(新潮文庫)『額田女王』(新潮文庫)『星と祭』(新潮文庫)『あすなろ物語』(新潮文庫)『憂愁平野』(新潮文庫)『氷壁』(新潮文庫)『北の海』(新潮文庫)、井伏鱒二『黒い雨』(新潮文庫)、内館牧子『思い出にかわるまで』(角川文庫)、江戸川乱歩『陰獣』(岩波文庫)『妖人ゴング』(講談社文庫)、円地文子『食卓のない家』(新潮文庫)、遠藤周作『深い河』(講談社文庫)『沈黙』(新潮文庫)『留学』(新潮文庫)『王妃マリー・アントワネット』(新潮文庫)『白い人・黄色い人』(新潮文庫)『月光のドミナ』(新潮文庫)、大岡昇平『事件』(新潮文庫)、岡本かの子『生々流転』(講談社文庫)、小川糸『ライオンのおやつ』(ポプラ文庫)『食堂かたつむり』(ポプラ文庫)、小川国夫『アポロンの島』(講談社文芸文庫)、小川洋子『博士の愛した数式』(新潮文庫)、大佛次郎『帰郷』(新潮文庫)、恩田陸『蜂蜜と遠雷』(幻冬舎文庫)

開高健『パニック』(新潮文庫)、加賀乙彦『フランドルの冬』(新潮文庫)、片岡義雄『東京青年』(角川文庫)『エルヴィスから始まった』(ちくま文庫)、川端康成『女であること』(新潮文庫)、岸田國士『暖流』(新潮文庫)、北杜夫『輝ける碧き空の下で』(新潮文庫)『楡家の人びと』(新潮文庫)『夜と霧の隅で』(新潮文庫)、木下英治『小説・吉田茂』(講談社文庫)、桐野夏生『柔らかな頬』(文春文庫)、倉橋由美子『聖少女』(新潮文庫)、黒岩重吾『人間の鎖』(角川文庫)、幸田文『おとうと』(新潮文庫)、小島信夫『アメリカン・スクール』、小松左京『青い宇宙の冒険』(角川文庫)『日本沈没』(角川文庫)『復活の日』(角川文庫)

斎藤美奈子『挑発する少女小説』(河出文庫)、坂口安吾『正午の殺人』(ゴマブックス)『桂馬の幻想』(ゴマブックス)、佐多稲子『振りむいたあなた』(新潮文庫)、沢木耕太郎『一瞬の夏』(新潮文庫)、椎名誠『哀愁の町に霧が降るのだ』(新潮文庫)、塩野七生『小説「イタリア・ルネサンス」』(新潮文庫)、篠田謙一『人類の起源』(中公新書)、司馬遼太郎『坂の上の雲』(新潮文庫)、島崎藤村『家』(新潮文庫)『春』(新潮文庫)『破戒』(新潮文庫)、下村湖人『次郎物語』(新潮文庫)、城山三郎『官僚たちの夏』(新潮文庫)『小説日本銀行』(新

潮文庫)、庄野潤三『ザボンの花』(新潮文庫)、瀬尾まいこ『そして、バトンは渡された』(文春文庫)、瀬戸内晴美(寂聴)『私小説』(集英社文庫)、宗田理『ぼくらのＣ計画』(角川文庫)、曽野綾子『砂糖菓子が壊れるとき』(新潮文庫)『たまゆら』(新潮文庫)『太郎物語』(新潮文庫)

高樹のぶ子『霧の子午線』(中公文庫)『百年の預言』(新潮文庫)『イスタンブールの闇』(中公文庫)『葉桜の季節』(講談社文庫)、高杉良『社長の器』(講談社文庫)、高階秀爾『誰も知らない「名画の見方」』(小学館101ビジュアル新書)、太宰治『走れメロス』(新潮文庫)『斜陽』(新潮文庫)、立原正秋『冬の旅』(新潮文庫)、田山花袋『田舎教師』(新潮文庫)、土屋隆夫『影の告発』(光文社文庫)、角田房子『責任』(新潮文庫)、壺井栄『二十四の瞳』(角川文庫)、富田倫生『パソコン創世記』(旺文社文庫)

中井正一『美学入門』(中公文庫)、永井隆『長崎の鐘』(平和文庫)、中野重治『歌のわかれ』(新潮文庫)、長与善郎『青銅の基督』(岩波文庫)、夏目漱石『こころ』(新潮文庫)『道草』(新潮文庫)、新田次郎『孤高の人』(新潮文庫)、野上豊一郎『レンブラントの国』、乃南アサ『凍える牙』(新潮文庫)

灰谷健次郎『海の図』(角川文庫)、林真理子『不機嫌な果実』(文春文庫)、原田マハ『いちまいの絵』(集英社新書)『本日は、お日柄もよく』(徳間文庫)『楽園のカンヴァス』(新潮文庫)『暗幕のゲルニカ』(新潮文庫)、東野圭吾『白夜行』(集英社文庫)『マスカレード・ホテル』(集英社文庫)『宿命』(講談社文庫)、干刈あがた『ゆっくり東京マラソン』(朝日文庫)、深田祐介『男たちの前線』(新潮文庫)、藤田宣永『樹下の想い』(講談社文庫)、藤原伊織『テロリストのパラソル』(講談社文庫)、ブレイディみかこ『ぼくはイエローでホワイトで、ちょっとブルー』(新潮文庫)

町田そのこ『52ヘルツのクジラたち』(中公文庫)、松本清張『霧の旗』(新潮文庫)『砂の器』(新潮文庫)『点と線』(新潮文庫)『巨人の磯』(新潮文庫)、真保裕一『ホワイトアウト』(新潮文庫)、丸谷才一『笹まくら』(新潮文庫)、三浦綾子『塩狩峠』(新潮文庫)、三浦しおん『舟を編む』(光文社文庫)、三浦朱門『若葉学習塾』(新潮文庫)、湊かなえ『山女日記』(幻冬舎文庫)、宮部みゆき『クロスファイア』(光文社文庫)、宮本輝『海辺の扉』(文春文庫)『ドナウの旅人』(新潮文庫)『花の降る午後』(講談社文庫)『愉楽の園』(文春文庫)『ここに地終わり海始まる』(講談社文庫)『命の器』(講談社文庫)『錦繍』(新潮文庫)『朝の歓び』(講談社文庫)『流転の海』(新潮文庫)『森のなかの海』(光文社文庫)、宮本百合子『風知草』(角川文庫)、武者小路実篤『若き日の思い出』(新潮文庫)、村上春樹『ドライブ・マイ・カー』

(文春文庫)『世界の終りとハードボイルド・ワンダーランド』(新潮文庫)、村上龍『愛と幻想のファシズム』(講談社文庫)、村田沙耶香『コンビニ人間』(文春文庫)、森鴎外『山椒大夫』(新潮文庫)、森村誠一『棟居刑事の「人間の海」』(角川文庫)『死定席』(徳間文庫)

安岡章太郎『剣舞』(新潮文庫)『質屋の女房』(新潮文庫)、横光利一『旅愁』(岩波文庫)、横山秀夫『半落ち』(講談社文庫)、吉村昭『殉国』(新潮文庫)『大本営が震えた日』(新潮文庫)『戦艦武蔵』(新潮文庫)、渡辺淳一『花埋み』(新潮文庫)『無影燈』(文春文庫)、和辻哲郎『鎖国』(岩波文庫)

出典一覧は以上に示す通りであるが、部分的に、次の青空文庫の検索結果を使用している場合がある。https://myokoym.net/aozorasearch/
なお、引用にあたっては、横書きになる関係上、アラビア数字にしている場合がある。

索　引

あ
〈ア〉系形式　　36, 58, 61
アスペクチュアリティー　　16, 199, 206
アスペクト　　4, 16, 107, 184, 206
アスペクト対立　　3, 116
アナフォリックな時間指示　　34, 38
あの時　　56, 69
あわせ文（複文）　　222

い
意義づけ　　81
異主体　　138, 141, 143, 149, 162
一時的な個別具体的事象　　15
一体的同時　　140, 141, 142, 146, 153, 156, 185
今ごろ　　56, 69
意味・機能的カテゴリー　　14

う
ヴォイス　　168, 170
運動　　136, 180
運動動詞　　5, 25, 129, 136, 155
運動名詞　　171

お
おしはかりの構造　　222

か
が（〜が）　　13, 138
が格　　168, 175
書き言葉　　7, 100, 135, 152, 170, 181
かたり　　8, 36
漢語名詞　　171
感情・評価動詞　　109
完成（相）　　12, 114, 119, 121, 139

き
記述の文　　74
きっかけ　　10
義務性の強弱　　74
客体の結果継続　　120, 137

く
具体名詞　　171

け
継起（性）　　10, 77, 106
継続（相）　　12, 121
形態論化　　200
形態論的な言語　　203

形態論的表現手段　　199
結果　　78, 86, 93
結果継続　　5, 114, 159
結果の強調　　94
原因・理由　　74, 78
言語活動のタイプ　　7
言語・思考活動動詞　　109
限定された時間帯（integral time pericd）　　17, 124

こ
広義因果関係　　10, 17, 76, 85, 122, 144, 185
恒常的事象　　15, 90
構文的位置　　33, 142, 143, 147, 152, 153
構文的機能（構文論的機能）　　3, 190
〈コ〉系形式　　35, 47
コト　　108, 132

さ
さそいかけ文　　218

し
時間的距離の違い（degrees of remoteness）　　42
時間的限定性　　14, 25, 183
時間副詞　　2, 8, 30
シ形式　　7
事実確認（断定）　　68
事象間の時間関係（複数の事象間の時間関係）　　4, 16, 105, 126, 185
事象間の時間的順序　　14
事象の外的時間　　14
事象の時間的タイプ　　8, 14
事象の内的時間　　14

事象名詞句　　10
事象名詞節　　9, 10
したノダ　　78, 83
していた（している）ノダ　　84
シテイテ形式　　117, 120
シテオリ形式　　118, 120
シテカラ形式　　17, 127
シテ形式　　7, 126
シテ形式の連続　　151, 155, 158, 159, 161, 162
してもいい　　224
自動構造　　172
自動詞　　173
シナガラ形式　　17, 128
終止（形）　　200, 204
従属節　　9, 11
従属複文　　2, 9, 168, 186
主体動作客体変化動詞　　155
主体動作動詞　　156
主体の結果継続　　119, 137
主体の同一性　　17
主体変化動詞　　155
受動構造　　173
主動詞（終止形）　　136, 138, 139, 160
主動詞の直前　　140, 142, 147
主文　　4
主文の事象時　　3, 30, 106, 111, 184
条件（形）　　191, 205
条件づける事象　　74, 79
小説の地の文　　71, 72
状態　　28, 89

す
推量　　64, 68

せ

説明　17
説明の構造　222
説明の文　74
先行(継起)　141, 143, 148
前文　4, 58, 73, 78, 80, 96
前文の事象時　8, 30, 184

そ

相対的時間副詞　38, 184
相対的テンス　3, 32, 106
相対的テンポラリティー　4, 16, 184
〈ソ〉系形式　35, 41, 49, 57, 59

た

ダイクティックな時間指示　38
ダイクティックな(絶対的)時間副詞　38, 44, 184
ダイクティックな(絶対的)テンス　106, 112
ダイクティックな(絶対的)テンポラリティー　15, 184
滞在(一時的存在)　28
タクシス(時間的順序性)　4, 16, 107, 184
他動構造　173
他動詞　173
単語　190, 192, 196
単文　10, 12, 141, 163, 168, 180, 186
段落　214, 222

ち

知覚活動動詞　109, 112
陳述性　196, 219

つ

通達的なタイプ　216, 218

て

ディスコース　6
丁寧体　145
テキスト　194, 202
テクスト　6
テンス　2, 30, 168, 206
テンポラリティー(時間指示)　2, 15, 30, 199, 206, 219

と

同一主体　12, 13, 139, 141, 143, 148, 163
統合度　14, 17, 136, 139, 141, 151, 152, 163, 185
統合度の強弱　154, 163
動作継続　5, 114, 137, 157, 159
動詞述語文　199
同時(性)　77, 86, 107
動詞の活用表　189, 191
倒置　65
動的事象　28, 183

な

内的独白　61, 97
なかどめ構造の文　14, 136

に

に格　174
二語文　195
日常的な常識(プラグマティックな知識)　74, 85, 181
認知・発見活動動詞　109

の

ノ 108, 132
能動構造 173
ノダを伴う文 8, 73
ノダを伴わない文 74, 90, 93

は

は（〜は） 13, 139
派生名詞 171
発話 4, 212, 216, 220, 223
発話行為 27, 52
発話行為時 2, 30, 52, 184
はなしあい（話しあい） 5, 55, 194, 214, 227
話し言葉 7, 98, 135, 151
話し手の意外性 65
話し手の回顧性 59
話し手の体験時 55
話し手の評価・感情 17, 46, 55
場面 26, 52
反事実仮想 61, 62, 67
反復習慣（反復習慣的事象） 6, 15, 90

ひ

必然的限界動詞 155, 157
人（組織）名詞 169, 176
ひとまとまり的継起 140, 141, 143, 147, 153, 160, 185
非必然的限界動詞 156, 160

ふ

複合的な時間指示 9, 34, 53
複文 2, 17
部分的同時性 119
プラグマティカルな意味 224, 226
プラグマティクス 53, 100

文の対象的な内容 195, 219, 221
文脈 8, 26, 52, 168, 181

へ

併存 141, 144, 150
並列複文 9
別の観点（異なる観点） 74, 80
変化 156

ま

まちのぞみ文 218

み

三上章 100, 227

む

ムード 205

も

モダリティー（modality） 199, 205, 219
モーダルな意味（modus） 197, 216, 217, 218, 220, 221
物語展開上の重要な事象 93
ものがたり文 198, 218

れ

連語 192, 215
連語論 212
連体格 11, 172
連体（形） 191, 205
連文 2, 6, 17
連用格 172, 180
連用（形） 191, 204

わ
私・今・ここ　　26, 52, 71

を
を格　　168, 174

A-Z
Jakobson　　124

【著者紹介】

工藤真由美（くどう まゆみ）

［略歴］1949年愛媛県宇和島市生まれ。博士（文学、大阪大学）。東京大学大学院人文科学研究科博士課程単位取得退学。横浜国立大学教育学部助教授、大阪大学大学院文学研究科教授を経て、現在、大阪大学名誉教授。

［主な著書・論文］『現代日本語ムード・テンス・アスペクト論』ひつじ書房（2014年）、『アスペクト・テンス体系とテクスト』ひつじ書房（1995年）、「否定の表現」『日本語の文法2　時・否定と取り立て』岩波書店（2000年）、『複数の日本語』講談社（共著、2008年）、『ブラジル日系・沖縄系移民社会における言語接触』ひつじ書房（共著、2009年）など。

文と時間―日本語のテンポラリティーとタクシス

The Syntax of Time Expressions: Temporality and Taxis in Japanese
KUDO Mayumi

発行	2025年4月15日　初版1刷
定価	5000円＋税
著者	Ⓒ 工藤真由美
発行者	松本功
装丁	小川順子
組版所	有限会社 グランビット
印刷・製本所	株式会社 精興社
発行所	株式会社 ひつじ書房
	〒112-0011 東京都文京区千石2-1-2 大和ビル2階
	Tel.03-5319-4916　Fax.03-5319-4917
	郵便振替 00120-8-142852
	toiawase@hituzi.co.jp　https://www.hituzi.co.jp/

ISBN978-4-8234-1265-3

造本には充分注意しておりますが、落丁・乱丁などがございましたら、小社かお買上げ書店にておとりかえいたします。ご意見、ご感想など、小社までお寄せ下されば幸いです。

［刊行書籍のご案内］

現代日本語ムード・テンス・アスペクト論

工藤真由美著　　定価 7,200 円＋税

標準語、東北から沖縄に至る諸方言、海外移民社会の言語接触現象を視野に入れ、アスペクトやテンス、認識的ムードやエヴィデンシャリティー、さらには話し手の評価感情という側面が、どのように相関しつつ多様性を生み出しているかについて考察。多様な日本語のバリエーションを記述するための方法論を提示している。前著『アスペクト・テンス体系とテクスト』で使用した文法用語等を再検討し、用語解説としてまとめた。